贰阅 | 阅爱·阅美好
ERYUE

让阅读走心
让阅历丰盛

高绩效团队五项修炼

目标必达的33个高效方法

舒瀚霆 —— 著

北京联合出版公司
Beijing United Publishing Co.,Ltd.

图书在版编目（CIP）数据

　　高绩效团队五项修炼：目标必达的33个高效方法 / 舒瀚霆著 . —北京：北京联合出版公司，2021.3
　　ISBN 978-7-5596-4737-5

　　Ⅰ . ①高… Ⅱ . ①舒… Ⅲ . ①企业管理—组织管理 Ⅳ . ① F272.9

中国版本图书馆 CIP 数据核字（2020）第 234559 号

高绩效团队五项修炼：目标必达的 33 个高效方法

作　　者：舒瀚霆
出　品　人：赵红仕
选题策划：北京时代光华图书有限公司
责任编辑：管　文
特约编辑：陈　佳
封面设计：济南新艺书文化有限公司

北京联合出版公司出版
（北京市西城区德外大街 83 号楼 9 层　100088）
北京时代光华图书有限公司发行
北京晨旭印刷厂印刷　新华书店经销
字数 193 千字　787 毫米 ×1092 毫米　1/16　14.25 印张
2021 年 3 月第 1 版　2021 年 3 月第 1 次印刷
ISBN 978-7-5596-4737-5
定价：58.00 元

版权所有，侵权必究
未经许可，不得以任何方式复制或抄袭本书部分或全部内容
本书若有质量问题，请与本公司图书销售中心联系调换。电话：（010）82894445

自序

用方法论开启管理新征程

我专注于企业经营管理顾问领域 20 余年，加上之前在企业管理一线的 10 年，30 多年来接触的创业者、企业家和职业经理人有数十万人，持续且深度了解的也有成百上千人，我经常看到下面这些情况。

有的人遇到问题时，经常"用力过猛"，不是把问题复杂化，就是在解决当前问题的同时，给后面埋下了无数的地雷和定时炸弹，致使后面问题层出不穷——解决问题成了他们管理的首要目标。

有的人一遇到问题，就打"太极"，不是转移焦点，就是让问题持续存在，与问题互相损耗，他们相信随着时间的推移，问题会自然消失——在市场和职场里玩"躲猫猫"的游戏，成了他们管理的日常。

有的人遇到问题时，总是淡定"冷漠"，不是超理智地分析问题的来龙去脉，就是淡然冷静地寻找书本上的理论依据，他们用泛概念、大道理来解释问题——这种脱离环境、毫无结果的"洞察"成了他们管理工作的全部内容。

遇到问题，不同管理者呈现出的不同状态直接导致他们得到不同的结果。

有的管理者焦虑紧张，问题一个个接踵而来，永无宁日；

有的管理者事必躬亲，整天忙碌，却所获甚少，几乎无所作为；

有的管理者虽然镇定自若，处之泰然，但事业平平无奇。

作为一名资深的经营管理顾问，我想告诉大家的是，无论你是创业者、企业家，还是商界精英，掌握高效的方法是高效管理者的必备基础。什么样的方法才高效呢？首先是精准，其次是有效，最后是看成本。

我的一位客户跟我抱怨：公司里缺少有担当的人才。他说在企业发展的过程中，人才严重断层，外部招不到合适的，内部团队里也挑不出来，几乎没有人是有担当的。在我深度接触他的团队后，发现情况并不像他说的那样。其实在他的团队中有好几位非常优秀的人才，他们经验丰富、专业自信，对这份事业有信心，对企业也很忠诚。

如何让这位老板改变对团队的成见呢？这是我要解决的问题，我开始了解他的工作日程，然后在他召开公司重要会议的时候去拜访他，让他措手不及，特意把他从会议中拉出来，让他给与会者（会议中几位值得培养的人）交代一下会议的目的，让会议在没有他的情况下继续进行。

刚离开会议室时，他很担忧，心神不定，坐立不安。后来在我的引导下，他明白我的意图后，放下了担忧。刚开始，团队在没有他在场指导的情况下，工作效果确实逊色一点，不过也不差，如果有他在是 10 分的话，团队自己也能做到 7 分。而神奇的事还在后面，慢慢地，他的团队开始给他带来了惊喜，做出来的效果甚至超过了他的预期。

我常常对身边人说，这是培养人才的一个绝招，叫作"缺席文化"。如果你总是抱怨身边没有帅才、没有良将，那一定是你没有给予他们成长的机会。只有学会有智慧地"缺席"，才能给良将、帅才们一些发展的空间。

别看"缺席"只是一个简单的动作，其实是高效管理者的一项重要能力，具体如何在管理中培养这种能力，可以参照书里团队管理方法论的"偷懒育才法"。

我的另外一位客户，其旗下的企业已经在所在的那个行业中销售规模和市场份额稳居第一很多年了，但近几年来，受移动互联网和新零售的冲击，企业市场份额逐步被蚕食，老板越来越焦虑，团队却有些傲慢，服务改善和业务创新每次都推动得特别艰难。

针对这个问题，我组织了一系列的内部团队头脑风暴会议，最后帮这位客户的企业打破了这个困局。

当时，我分别召集技术研发、生产制造、市场营销、商品企划、人力资源、财务和战略等核心专业人员及高管，围绕着"如何瞬间摧毁自己"的主题来进行头脑风暴会议。有意思的是，在我的引导下，他们想到了自家企业的多种"死法"，比如行业新进入者数倍高薪挖走核心人才，同行的产品和服务做到极致并降价，制造品牌负面信息和舆情，甚至是用互联网黑客进行攻击……他们还想到了十多种特别恶劣的竞争态势。当团队意识到这些危机后，要怎么应对就成了首先要解决的问题。对此，我们进行了详细的应对策略推演。在整个过程中，我运用了一些教练和顾问的方法，团队开始慢慢放下傲慢，态度开始转变。最后，公司顺利进入了服务改善和业务创新实效阶段，特别是在商业创新方面，颇有成效。

在面对这类经营管理难题时，有时候这种从逆向视角探寻到的方法能起到奇效，关于更具体的逆向解决问题的方法，可以参照书里深度思考方法论的"逆向视角法"。

有一些公司目标流于形式化，各部门管理者在定指标时彼此讨价还价，一些新业务的商机在讨价还价中错失，大量资源在目标数据的博弈冲突中浪费。某些管理者"拍脑袋"定目标，"拍胸脯"做保证，执行过程中"拍大腿"后悔，最后没达成目标就"拍屁股"走人，我相信这些场景大家并不陌生。

记得好几年前，有一位客户迫切期望我帮他解决企业管理层定目标的困扰，指导他的管理团队定出下一个年度的合理目标。

在和这位客户进行翔实对话后，我了解到这家公司制定年度目标主要存在三个问题：第一，管理者制定目标靠"拍脑袋"，按照公司高层的意图和指引，参考财务历史数据，进行简单核算后制定下一年度的目标，特别形式化；第二，对于跨部门的目标，部门之间互相扯皮推诿"打太极"，出现非常多的"真空地带"无人负责；第三，管理者拍板定总目标，然后一层层分解下去，导致资源配置冲突和浪费，执行过程中临时性解决的问题特别多，执行层没有力量，执行不落地。

为了帮助这位客户制定新一年的年度目标，我专门组织了四天的中高层管理者年度计划工作闭门会议，以上面三个问题为切入口，分三个模块研讨制定新的年度目标。

第一模块：复盘——复盘上一年度的目标达成情况和积累的经验。

复盘不是工作总结，而是严格按照我规定的时间流、事件流、目标流和策略流等四个流程来做。时间流是要求把时间分解为季度、月度和每周，重点的阶段甚至要突出每日；再参考工作日志把工作内容填进时间流，形成具体的事件流；然后把上一年度制定的目标及其分解情况，与工作结果的数据进行一一对比，从而形成目标流；最后是关键的策略流，就是在整个复盘过程中，回顾总结曾经采取过哪些整体性的大策略，产生突发问题时采用了哪些临时对策，对策有没有实效性，如果再次发生，你将会采取什么对策，可能会有哪些结果，等等。

两天的复盘像电影回放一样，严格按照这四个"流"，一帧一帧高像素地解剖过去一年的情况，敢于自揭伤疤，不留任何情面，绝不隔靴搔痒，有多痛就会得到多大的成长。

通过这样深入的复盘，他们得出了科学的历史数据和有价值的策略集，最终，帮助管理层摆脱了过去"拍脑袋"设定目标的惯性。

第二模块：推演——根据对上一年度工作复盘的数据和策略集，盘点资源的可能性，多用积极假设，确定新一年度的目标，并论证目标是否可达成。

推演的关键是不断反问"如果我这样做，那结果会怎样？如果不这么做，结果又会怎样""假设条件具备，那结果会怎样？假设资源充足，那结果会怎样""做些什么可以让条件更充分？做些什么可以让资源更充足"等，这个反问的过程就是发现问题、解决问题的过程，也是创新方法、盘点策略和整合资源的过程。有了它做基础，我们就可以根据推演的多种可能性，设计三级目标——保底目标、挑战目标、冲刺目标。

推演是聚焦理想化的目标进行推演决策，避免了过去扯皮推诿、讨价还价的病态。更重要的是要把年度目标当作一场严肃的军事演习，一次表达自信、秀肌肉的过程。当时我特别强调：面对未来的不确定性，最能增加确定性的元素是使命必达的信念，这种信念来自军事推演式的庄重和认真。

第三模块：落地——把目标转化成可执行的方案。

为什么管理者制定了目标却没结果？最主要的原因是管理者不会把目标转化成可执行的方案并分解成可操作的任务。"目标"和"任务"，是两个不同层面的概念。目标是一种面向结果的概念，主要用来交流"我们需要做什么"；任务是一种面向过程的操作步骤，主要用来交流"我们具体怎么做"。执行层往往需要的是可操作的任务。所以把目标转化成方案，再把方案转化成任务是管理者的一项重要能力。

如何把目标转化成任务呢？举个简单的例子，比如某省区定的年度目标是发展 200 个新代理，对 10 名员工进行简单目标分解，每人目标是开发 20 个代理，刚好 200 个。当然，也可以在目标分解时留出空间，比如每人目标是开发 22 个代理，总目标就成为 220 个，但即便如此，达不成又有什么意义呢？

正确做法是把目标转变成每天的工作任务。目标是发展200个新代理，按10个月来计算，平均每个月开发20个。发展新代理要靠拜访潜在客户，如果复盘历史数据，团队把潜在客户变为代理的转化率是5%。那么，每月要拜访400个潜在客户，才有20个新代理。你的10名员工，就需要平均每人每月拜访40个潜在客户。一个月以20个工作日计算，就需要他们每天打10～20个陌生电话，拜访两个潜在客户，并同时跟进两个转化中的代理客户。这样把目标分解成每天可执行的任务，员工的执行力和结果自然有保障。

当然，以上是一个极简的例子，还需要在具体执行策略和资源配置上进行深化。

通过复盘、推演、落地三个方面的研讨和实操，我指导这家企业制定的年度目标和计划，被非常理想地完成了，而过去存在的问题在整个公司都已经消失了。

从复盘到推演，从推演到落地，整个过程我综合运用了本书第二章、第三章、第五章的深度思考、精准决策、目标必达的方法，篇幅所限，这里只做了蜻蜓点水的介绍。不管是复盘能力、推演能力，还是达成目标的落地能力，每一项能力的提升都不是一蹴而就的，都需要方法上的学习和探索，这也是本书努力的方向。

我是一名顾问，20多年来，每天做的就是帮助企业解决问题，并创造更好的业绩，将企业带向更好的未来。我的方法基本上有三类：

第一类是我自己的独创。当面对企业的问题或者是客户的诉求时，我就要想方设法去解决和完成，有效果了，应用的次数多了，最后就形成了体系。

第二类是我学习到的管理学经典和成熟的方法。在应用的过程中，为了适应新的环境和条件，为了最终的效果和目的，不断地改进和完善，最后形成了时新适宜的方法。

第三类是基于多种方法的整合和改造。在实践中不断应用，最后形成了整合型的方法。

这些方法越集越多，应用的客户也越来越多，后来被我的客户们统称为"瀚霆方法论"。

"瀚霆方法论"首先得益于我所创办的一个企业家高端社群组织——"瀚霆研习会"。其使命是"培育行业领袖、创造无限可能"，汇聚了来自全国各地各行各业的知名品牌的企业家精英，致力于陪伴企业家个人和团队的成长。每两个月，研习会都会组织3～4天的线下集体深度研讨活动，包括我对企业家个人成长和企业经营管理的答疑解惑，对他们企业近期的经营管理问题做指导，以及进行精选主题分享与研习等，我把这种研习活动定义为"轻奢式"顾问服务。活动过程中，我提供的方法和策略，在企业应用过程中能获得及时反馈，这成了"瀚霆方法论"采之不竭的源泉。

当然，带给我成就感的是"瀚霆方法论"应用的效果。比如"空姐范"职业女装，两年时间从百万级跨升到过亿销售规模；订单发货小程序"风火递"用户量创业5年积累100万，加入"瀚霆研习会"不到两年就增长到5000万；有云南著名品牌"猫哆哩"酸角糕食品、大连知名海鲜即食品牌"水一方"、著名的心理学课程培训加盟品牌北京"简快"、云南著名高原红糖品牌"红庆"、兰州服饰代理商"锦宝丽"、杭州知名园林机械配件国际贸易商"安唐客"，以及"光夏""杰仕博""乐丰""三合""芊池"等企业。除了方法论在经营企业过程中发挥作用、创造效益之外，更重要的是这些企业家们能够越来越轻松高效，自在快乐。

我在做企业经营管理顾问服务过程中，发现高效的管理者必须要具备五种能力，也可以说是一位高效管理者必备的底层能力，包括团队管理的能力、达成目标的能力、深度思考的能力、精准决策的能力和高效行动的能力。基于对这五种能力的重视，我的团队特意从"瀚霆方法论"工具库里整理和挑选出，包含团队管理、深度思考、精准决策、高效行动和目标必达这五个方面共 33 个方法，目的不仅仅是分享解决问题的方法，更重要的是能帮助管理者提升这五种底层的管理能力。期望能够帮助更多的管理者提高效率，享受轻松满足和成功快乐。

在此，我很感谢所有"瀚霆研习会"的会员，感谢他们对我的信任和支持，感谢他们把"瀚霆方法论"运用到他们的企业经营管理中，并及时反馈应用效果，一起持续改进和完善这些方法。同时感谢我的助理陈泓伊、曾俊和何伟立协助我做了大量的整理工作。最后，要感谢出版社的编辑团队，因为有你们，才能出版这本书。

企业的经营管理没有终极的答案，只有永恒的探索！正如"瀚霆方法论"的理念那样：面对问题、面向效果！最好的经营管理，永远是面对当下真实的环境和资源条件去探索和实践。愿我们一同在探索中不断成长和发展！

Contents | **目录**

第一章
团队管理：从培养人才到打造优秀团队

角色归位法：你累是因为你站错了位置	003
三招管人法：增强团队竞争力	008
五项权力法：提高管理者的影响力	014
偷懒育才法：亲力亲为还是"偷懒"？	020
培训三步法：有价值的培训需要深度评估	026
人岗匹配法：企业换人的成本很高	034
容错转化法：错误是企业变得更好的机会	040
薪酬激励法：薪酬就是发钱吗？	046
新团队管理法：90后新兴团队建设从信任开始	055
小　结	062

第二章
深度思考：思考的深度决定管理的效率

三层需求法：抓住员工隐藏的真实需求	067
正向思考法：唤醒员工的行动力	073
价值导向法：找到最重要的价值方向，提升行动的动力	078
身份赋能法：提升身份感和资格感	084
多维时间法：善于购买他人时间，懂得将时间产品化	089
教练语言法：管理者最重要的能力是提问	094
逆向视角法：任何事情都不是绝对的	102
复盘思考法：精明的管理者敢于自揭伤疤	107
小　结	112

第三章
精准决策：正确的选择让团队事半功倍

推演决策法：有效的推演比执行重要 100 倍	117
绿灯思维法：放下对反对意见的习惯性防卫	122
简约决策法：最重要的事只有一件	128
关系溯源法：找到低效率背后的真正原因	134

独立思考法：简单顺从不如批判思考 140

小　结 145

第四章
高效行动：让好方法变成信手拈来的习惯

PDCA 循环法：及时调整目标，缩短现实与计划之间的差距 149

番茄工作法：专注 25 分钟，提升整体效率 155

时间矩阵法：分清轻重缓急，别让团队瞎忙一场 160

清单行动法：少走冤枉路，少做冤枉事 165

流程工作法：保障有品质的高效工作 169

迭代行动法：小步快跑，完成比完美更重要 175

小　结 180

第五章
目标必达：没有目标，团队就不会存在

设定目标法：定什么样的目标 185

目标拆解法：把目标转化成可执行的任务 191

OKR 工作法：让员工更有计划力和聚焦力　　197
聚焦工作法：不去管理注意力就只能被注意力管理　　202
KPI 工作法：围绕重点一步步接近团队想要的目标　　207
小　结　　211

第一章

团队管理：
从培养人才到打造优秀团队

角色归位法：
你累是因为你站错了位置

曾经有位企业家朋友满腹牢骚地说现在的员工越来越不好管。我问他："你是怎么做管理的呢？"

他透露的做法很"认真"——新员工一入职，他就手把手地教他、培养他；员工工作遇到问题，他就在第一时间想办法帮助解决；甚至连员工的衣食住行，他都特别关心。他还经常在各种会议上征求员工对企业的意见，比如，有哪些没有做到的，有哪些还可以做得更好，等等。可是，员工却并不领情，该走的还是要走。而且，走的时候，不仅没说公司一句好话，还认为公司问题太多。

听完后，我问了一句："你是不是感觉好累？"他像遇到知音一样立刻点头："是啊！是啊！明明招人是来帮自己的，结果把自己累成了狗。"

作为企业经营管理顾问，我当时给了他这样的"诊断"：这种情况或许只能怪你自己，因为是你先把角色弄错了，把自己摆错了位置。

巨婴型员工是怎么产生的

为什么有这样的"诊断"呢？我们可以先回想一下，刚才他对"如何管理员工"的描述，是不是有点像父母照顾孩子。

父母是不是手把手教孩子学东西？孩子遇到问题跟父母说时，父母是不是就立刻想办法帮他解决？父母是不是还会无微不至地关心孩子的衣食住行……

你发现了吗？他不是在当员工的老板，而是在做员工的父母！

父母照顾孩子是理所应当的，孩子都会觉得，父母的付出是应该的。所以，当老板进入父母角色后，员工即使享受到了好处也很难产生感激之情。这也只能怪老板，因为，是他先把员工当孩子的。

这样做老板很累，最大的问题是，有孩子心态的员工，不仅不能帮到老板，而且还不承担工作后果，事情搞砸了也只会觉得是别人的原因。损失轻一点的，他无所谓；严重的，他就一走了之，等你来收拾烂摊子。

你或许会问，如何判断自己是否做了员工的父母？

首先，可以留意一下，你和员工的对话模式。

比如，员工遇到问题求助你："领导，那位黄总很麻烦，搞不定……"

如果你的反应是："来，我帮你分析一下……"或者是"没关系，我帮你搞定……"又或者是"来，看我的……"。

又比如，员工向你请假，说："老板，我今天肚子不舒服……"后面就没话了。这时，如果你的回复是："哦，身体要紧，你快回去好好休息吧。"

这样的对话模式，就是典型的"父母"和"孩子"在对话。为什么这么说呢？

我认为，员工遇到工作问题时，正是他提升工作能力的最佳时机，正确的回应方式是，你要让他先独立思考、自己解决；如果问题属于特殊情况，比如时间紧迫，或者是事情非常重要，他也至少应带着自己思考的解决方案来和你探讨，或者请求支援。

对于回应请假的问题，我认为关心员工的健康当然是应该的，但他手头上的工作是不是都交代好了，也是管理者需要关心的。

角色归位法如何操作

管理者应该从一开始就摆正对员工的心态。我们来看看松下电器公司在这方面是怎么做的。

松下幸之助总喜欢说类似的话：我对这件事没有自信，但我相信你一定能胜任，所以就交给你办吧。

松下幸之助是真的不会做吗？当然不是。他是通过给予员工信任，来激发他们的积极性和工作热情，从而推动他们快速成长——这就是角色归位法的关键所在。

在日常工作中具体怎么践行角色归位法呢？不妨从以下两个角度入手。

第一个角度，在办公室门上贴一句话：请你准备好三个方案，再敲门。

员工要准备方案，就需要先进行思考，比如，自己面临的问题是什么，解决的方法可能有哪些？

当能找到三个解决方案时，员工通常就打开了解决思路，也能比较容易找到第四、第五个，甚至更多的方法。无形中他的职业能力也得到了提升。

当员工拿着三个方案来找你时，你也从出主意的角色转变为听方案的角色。这时，你就自然地回到了管理者的角色上。

如果你是一家企业的老板，一定要把这种方法变成公司的文化，不断地在公司的大小会议和各种公开场合以口头和书面的形式进行重复。只有不断地重复，才能深刻地植入。

第二个角度，改变你和员工的对话模式。

当员工讲完他的解决方案，问你要怎么做时，你可以把决策权先给他。比如，你可以这样说："这个问题，你认为怎样处理比较好？你先说说，我听一听。"

或者，"刚才你提的几个想法，你会优先选择哪一个？为什么？"

如果基本确定了解决方案,你还可以补充一句:"你先做,有其他问题我们再沟通,你看这样如何?"

通过这种探讨式的沟通,把"我说你听",改成"你说我听";把"我做你看",变为"你做我看"。当你信任员工,授权给他们,他们就会变得有想法、有担当,从"孩子"的角色,转变为专业、成熟的职场人。这才是优秀团队该有的模式。

在信任中提升团队战斗力

作为管理者,要从内心深处尊重你的员工,相信他们有能力把事情做好,并创造环境让他们发挥所长。支持他们的成长,企业才能发展壮大。

改变父母式的管理,不仅促进了员工职业能力的提升,更重要的是激发了他们内在的工作热情。员工对一件事的热情,源自于他在做这件事的过程中能发挥多少自己的优势。如果一名员工长期待在舒适圈,缺乏成长和进步,会很容易产生职业倦怠;相反,如果他能成功应对工作中遇到的各种挑战,能通过解决问题提升能力、收获成长,就可以从内在进行自我驱动,让他们保持长时间的积极性。

久而久之,员工的职业能力和工作动力都上来了,团队的战斗力自然就会提升。作为管理者,你将收获一支战斗力十足的团队。到那时,你就可以轻松带队,快乐前行。

> **核心要点**

角色归位法包含两个角度的方法。

一、在公司里建设"准备文化",比如,可以在办公室的大门上贴一句话:"请你准备好三个方案,再敲门。"

二、建立"你说我听"的沟通模式,从语言模式开始,改变与员工的沟通方式。

三招管人法：
增强团队竞争力

过去，管理者习惯把自己和员工之间看成"管和被管"的关系，这样的心智模式已经过时了。在我看来，管理者和员工之间应该是"合作伙伴"的关系。

近几年，很多公司流行把同事或者是员工称呼为"小伙伴"，既然是"小伙伴"的伙伴关系，我们就得重新认识管理。

要想成为优秀的管理者并带领小伙伴干出一番事业，你首先需要夯实以下三个方面：第一，建篱笆；第二，定方向；第三，提升团队能力。

这就是企业"三招管人法"，这三个维度分别指向的是企业的"价值观底线""愿景使命"和"团队竞争力"，这也是企业长久存在和经营的基础。

建篱笆：设定企业价值观底线

什么是建篱笆呢？

比如，我们在一个几十层楼的房间里，可以站、走、跳，甚至跑。但当我们要碰到墙壁时，就会慢下来，避免撞到墙。这个墙壁就是篱笆。它告诉我们活动不能超过这个范围，否则就会受伤。

如果没有作为篱笆的墙壁，在活动时，我们就可能从几十层楼摔下来，这是会出人命的！

企业也是如此。建篱笆对于企业来说，通俗点讲，就是划好企业的红线和底线。

那要如何建篱笆呢？给大家举个例子。

1764年的一个深夜，一场大火烧毁了哈佛大学的图书珍藏馆。很多珍贵的图书都在这场大火中被烧了个精光。在大火前，有名学生把一本只允许在馆内阅读的图书，违规带出了馆外。

第二天，这名学生意识到，自己带出来的这本书变成了唯一留存的珍品。这时候，他陷入了纠结：是神不知鬼不觉地把书据为己有，还是光明磊落地承认错误呢？

一番激烈的思想斗争后，这名学生还是决定把书还给学校。

当时哈佛的校长收下了书表示感谢，并对学生的勇气和诚实给予奖励。但接下来，他做了一个令人吃惊的决定：开除这名学生，理由是这名学生违反了校规。

"让校规看守哈佛的一切，比让道德看守哈佛，更安全有效。"这是哈佛大学的行事态度，也是他们坚持的底线，这也就是哈佛的篱笆。

再看一个企业的例子。

阿里巴巴的马云就是一名很会建篱笆的管理者。

2011年，"聚划算"全年的交易额高达100多个亿，占据了国内团购行业的半壁江山。一些商家为了争取资源，想方设法拉关系，甚至对聚划算的员工进行大额贿赂。

接到举报后，阿里巴巴查处了违规员工28人，移送司法机关7人，其中聚划算的负责人被判处有期徒刑7年。

严厉地反腐后，聚划算的业务出现滑坡，美团、唯品会等企业后来居上。

有人觉得，严查聚划算，导致阿里巴巴错失了上千亿元人民币的市场，实在太可惜了。

但马云说："即便不要这个业务，也要守住阿里的价值观。"

这就是马云建的篱笆，也就是这家企业的价值观。

一家企业如果为了追求短期的既得利益，就放弃价值观和道德底线，或许会取得短暂的成功，但同时也一定会埋下一颗长期的定时炸弹，随时都有爆炸的风险。三鹿的三聚氰胺事件、长春长生的疫苗事件……不就是放弃篱笆后的爆炸危机吗？

具体到管理上，有以下两点建议。

第一，绝不能从事第二职业。这是我创业以来一直强调的底线。任何岗位，公司付给了相应的薪水，作为全职员工就不能身在曹营心在汉，不能三心二意。

第二，不能泄露公司的秘密，特殊的岗位需要签订保密协议。大多数员工都会或多或少接触到公司的一些秘密，如果这些秘密被泄露给主要的竞争对手，可能会对公司产生毁灭性的影响。

定方向：夯实愿景和使命

定方向，是指管理者要让团队知道我们要去哪里，即我们的使命和愿景是什么，以及如何达成。

如果把创业开公司比喻成要建造一艘船，建议管理者不要把员工简单地聚在一起，让他们"收集木头"，也不要急着给他们分派任务和工作，最重要的是要让他们先看到大海，对浩瀚无边的海洋充满向往和期待。

在我的公司，每当有新员工入职，就算我再忙再累，都会抽时间给他上一课，跟他分享瀚霆公司的使命：培育行业领袖！

只有让员工清晰地了解公司的使命，看到公司的发展与个人的发展密切相关，员工才会有动力，才会在接下来的工作中主动担当。如果还能让员工领会这个使命背后的价值和意义，就能从内在激发他们的工作动力，让他们愿意追随公司！

令人欣喜的是，这一课之后，每一名新员工的状态，都朝着我预想的方向发展。他们的工作强度都很大，拿到的未必是行业最高的工资，但每一个人都不计较辛苦付出，往往主动加班加点赶项目。而他们的成长速度也是惊人的：在短短一两年内，就成长为相应方向的专业人士。

你可能会问，我究竟是怎么做的？

首先，我会和员工聊"什么是行业领袖"，让他们了解我们努力的整体方向。

在我看来，行业领袖就是能为一个行业的发展做出卓越贡献的企业，它们不一定是销售规模最大、市场占有率最高的，但一定是最被行业认可和追随的企业。

接着，我会和他们聊到，为什么我们要做"培育行业领袖"这件事，以及这件事和他们有什么关系，也就是前文提到的，让他们了解公司的发展是如何与个人的发展密切相关的。

在我 20 多年的顾问生涯里，我发现，如果能成功培育出一个行业领袖，不仅仅是成就了一位企业家，还成就了无数的高管，以及企业里每位员工的辉煌职业生涯，同时还间接服务了成千上万的客户。

这时，一个人所做的已经不仅仅是一份工作，而是一项能改变社会、促进社会进步的伟大事业！

最后，我会和他们说说，我们是如何一路走过来的，以及一路上我们取得过哪些成绩，让他们能清晰地预见：只要努力，他们未来也能创造这些美好。

我发现，当下为企业提供经营管理顾问服务，单靠一般的管理学，已经远远不够，所以，我在其中加入了心理学和社会学，三者有机结合，形成服务的专业基石，并独创陪伴式经营管理顾问服务。这一独创，帮助我们培养出了30多位行业领袖。

通过"是什么""为什么"和"怎么做"来给员工上完"愿景使命"这一课，我就能很好地让他们了解到，在瀚霆公司，只要你通过努力学习、扎实工作，就会成长为一位对社会非常有价值、有贡献，并且受到社会认可和尊敬的成功人士。

这就是我给自己企业团队定下的方向。当你能让员工为自己所从事的工作而自豪、为自己所在的企业而骄傲，你就很好地完成了"定方向"这一步。

团队能力：竞争力的基础

员工懂得这些还不够，他们还要有能力把工作做好，管理者才能从日常琐事中脱身。所以，管理者要做的第三件事就是：不断提升团队的能力。

要想提升团队能力，必须先弄清楚，他们的工作需要什么能力，通过什么方式来提升。

你不妨从以下三个方面来思考：

第一，团队缺乏什么能力，导致你必须亲自来处理常规性的工作；

第二，团队增强什么能力，将会有更好的效果；

第三，如何增强团队缺乏的能力比较合理，如何提升团队学习的积极性。

当了解员工需要提升哪些能力后，具体要如何做呢？关于如何提升团队能力，后文还会有更详细的介绍。这里给大家介绍一个提升团队能力最直接的方法：培训。而在培训之前，管理者必须学会制造可以引发能力饥渴感的培训，才能给企业和员工带来惊喜和成长。

我曾经为 TCL 服务，帮他们新建一个电商部门。

按常规，新建部门时，要么是通过对外招聘，要么是通过内部调动来组成新团队。但我给他们的建议是通过内部招聘，参加应聘的员工，要通过专业知识和能力的考试，这就是在制造能力提升的饥渴感。

考试前设置的培训，原本只做了 100 人的计划，没想到居然有 500 多人报名，最后挑选了 300 多人参加培训，而且培训效果非常好。通过内部招聘新建的电商部门，在短期内就迅速做到 5 个亿的销售规模。这就是经过有技巧的培训，团队能力得到提升的效果。

作为管理者，如果能高效地处理好这三件事，就有足够的时间去思考未来。管理者如果有这样的思维，就可以比别人更有远见，领导的团队也就更加具有竞争力。

> **核心要点**
>
> 三招管人法是指一名优秀的老板或管理者首先需要做好三件事：
>
> 建篱笆（设定企业价值观底线）；
>
> 定方向（夯实愿景和使命）；
>
> 提升团队的能力（培养员工竞争力）。

五项权力法：
提高管理者的影响力

有句话是这样说的：六分的管理者，只能吸引五分的人才。可见，管理者必须具备相应的影响力，才能吸引有能力的人追随。

在我看来，管理者在企业中的影响力，既不是靠嗓门大喊出来的，也不是靠资历深装出来的，它来源于五项权力，分别是任用权、奖赏权、惩罚权、能力权和感召权，合称"管理必须用好的五项权力"。所以，管理者要在职场中拥有被人追随的影响力，首先要做的就是学会用好这五项权力。

"硬权力"：岗位决定的职权

第一个权力：任用权。

任用权是指如何用人的权力。

具体来说就是你有权力决定招聘谁、录用谁，安排他在什么岗位，具体工作内容是什么，要给他哪些权力，要他承担哪些责任，如何考核，等等。

第二个权力：奖赏权。

具体来说就是如何奖励员工的权力。具体的奖励形式有两种：

一种是物质性的奖励，比如各类奖金、津贴、提供培训机会，以及岗位职务晋升，等等；

另一种是精神上的奖励，比如赞赏表扬、荣誉表彰、赋予身份，或者是称号，等等。在这方面，建议你在日常工作中要及时赞扬员工，而且在工作刚结束时，就要表扬。一方面，因为这时他的兴奋度和幸福感是最高的；另一方面，这个时候的表扬也是一种即时反馈，会让员工更有工作的动力。

表扬时，要注意一点：表扬具体行为。

比如，当员工交给你的市场方案你很满意时，不要简单地说一句"做得很好"。而可以说："这份方案，因为你做了完整的市场分析，交给客户之后，客户很满意。干得漂亮！"

这样，不仅能让员工知道自己被表扬的原因，之后继续往你想要的方向走，同时也能让其他员工知道，你想要的方向是什么。

我曾经服务过的一家企业，老板大学毕业就白手起家，从创业到上市，仅仅用了五六年时间。

无论是他的创业员工，还是空降人才，都很喜欢他的及时表扬。

比如，只要他发现你哪点做得好，就会说："这个点很棒，怎么我就没想到呢？厉害！"

我经常开玩笑地说，这是一家用"表扬"做到上市的企业，它的核心竞争力就是"表扬"。

第三个权力：惩罚权。

有奖必有罚。当员工违反规章制度，或者损害了企业利益时，管理者有权力按规定对员工进行惩罚。但惩罚权千万不要滥用，不要为了显摆地位而乱开罚单。

管理者一定要依据已经发布的公司规章制度行事，有理有据，员工才会心服口服。而且，惩罚方式要把握好度，惩罚不是为了加压，而是为了激励员工。我个人建议尽量不要罚款。

激励销售团队时，惩罚形式可以大胆、好玩，但一定要在社会道德、公司经营理念和保障人身安全的范围内。如果罚员工去裸奔，那就不可以了，因为违背社会道德，有伤风化。

"软权力"：能生长影响力的权力

很多管理者只懂得以上三项"硬权力"。当下属不听指挥时，他们不是抱怨自己权力不够大，就是抱怨下属素质差，不够积极。这类管理者属于"屁股决定脑袋"的类型，只具备了初级的管理能力，而真正优秀的管理者，不是要别人怕他，而是让别人尊重他。

如何能让下属打心底尊重你呢？管理者需要用好另外两项"软权力"——能力权和感召权。这两项权力具备强大的生长力和渗透力。

能力权，是指在某个专业领域，让人信任的专业判断和决策的能力。

这个权力首先来源于一个人的专业知识，比如你是某个领域的权威专家，懂得如何快速精准地解决问题。能力权同时还来源于一个人是否具备一个管理者该有的心智，比如，知道如何领导员工达成既定的目标。

怎么判断自己是否具备这个"软权力"呢？最直接的，就是看员工在某个专业领域遇到解决不了的问题时，会不会第一时间想到你并向你请教，或者请求支援。

能力权的培养，需要不断地学习，不断地更新知识、与时俱进。在《团队精进五项修炼：团队成长的45个关键技能》一书中，我专门针对五项关键能力的提升进行了阐述。

当然，仅有能力，还不足以让下属折服。有些管理者虽然能力强，但心胸狭窄，功劳自己揽，黑锅别人背，还容不下比他优秀的人，这样的管理者是难以服众的。

这时，就需要管理者具备第五项权力——感召权。

感召权，是指管理者拥有成熟的心智力、广阔的胸怀、强大的人格魅力，能通过自己的言行举止，影响他人的态度、价值观和行为。通俗地讲，就是能让别人愿意跟着你，听你指挥。

感召权的培养，需要管理者不断地提升心智能力。我和李中莹老师合著的《心智力：商业奇迹的底层思维》里，就有很多这方面的方法，你可以仔细阅读，找到适合你的方法。比如，你可以通过心理能量、心理素质的训练，学习情绪解压管理、人际沟通技巧等来培养感召权，其中最基础的是要养成"言出必行，言出必准"的习惯。

"言出必行"是指你说过的话，一定要做到，这是你获得下属信任的第一步。

如何做到"言出必行"呢？

首先，要做到不推卸责任。

比如，你采用了下属提供的建议，做出了错误的决策，那责任百分之百都是你的。因为采用下属的建议，是你自己的选择。不过，在承担了这个决策的责任之后，你可以重新检视这位下属在这个领域的专业度，或者是工作的严谨性，来做出相应的调整与处理。

其次，没有把握的事，不要做出承诺。

比如，为了面子或者一时心软，你随口答应员工某件事，但实际上却没做到，那么别人对你的信任感就会消失。之后，如果想重新树立形象，就是一件非常困难的事。

除了不要轻易承诺别人，你也不要轻易接受别人的承诺。比如，员工跟你立军令状，你要谨慎判断是否可行，因为一旦立下，就要落实到位。

我的一位客户，就曾经遇到过这样的情况。

她的销售团队，主动向她立下了军令状，完成月度任务有奖，不达标就受罚。月度结束时，该奖的她都奖了；但是该罚的，员工没有主动认罚，她也不忍心惩罚。后来，团队内部出现了一些不和谐的声音，不仅影响了团队士气，还影响了她在员工心目中的形象。这就是"言出不行"的后果。

如何做到"言出必准"呢？就是要"知行合一"。

比如，当下属问你一个问题，你不懂，就说"我不知道"；你不了解，就说"我不能肯定"。不要害怕因为坦白自己的"不知道"而被下属瞧不起，相反，这种坦诚更能拉近你和下属之间的距离，因为你的坦诚会让他觉得你是真实可靠的。

这个时代，社会分工越来越细，每个人都不可能拥有所有领域的专业知识。即使你是公司的老板，也不可能面面俱到。我就经常对我的团队说："虽然我是管理学博士，是非常资深的企业经营管理顾问，但是，你们每个人一定在某个方面、某个专业或者是某个领域比我强，专业的事情应该由专业的人才来做，在你们的专业或者领域，我听你们的。"

当你能够做到"言出必行""言出必准"，就能身心合一，这时，你内心的力量就会更强大。如果从现在开始，说每一句话之前，都能提醒自己这一点，那你很快就能看到效果。

任用权、奖赏权、惩罚权，是企业授权给你的，是具体某个管理岗位决定的，一旦职位发生变化，相应的权力就会发生改变；但具备"生长性"的能力权和感召权一旦获得，就会内化成你自身的能力，终身相随，一生受用。

所有成功的管理者，都特别懂得运用能力权和感召权。当你真正拥有这两项权力时，自然能让员工打心底里信任你、佩服你，并充满热情地跟随你，一起为部门、为企业的发展，贡献他们的力量！

> **核心要点**
>
> 五项权力法认为管理者的影响力来源于五项权力，它们分别是任用权、奖赏权、惩罚权、能力权与感召权。对一名优秀的管理者来说，最重要的是，在善用"硬权力"的同时，培养用好能力权和感召权。

偷懒育才法：
亲力亲为还是"偷懒"？

企业要发展，管理者就要学会"偷懒"。管理很累？那是因为你不会"偷懒"。

看到"偷懒"，估计有人要质疑了："我恨不得一天有48个小时，哪里还有时间偷懒！"

的确，我身边不少企业家经常跟我叫苦："我们这个行业太忙了！"

想把企业做成功，忙是应该的，但关键是不能瞎忙。要忙出效果，忙出效率。

"偷懒"是培养人才最快的方法

我有一家企业客户，老板年近50岁，经营企业有10多年，每天都非常忙碌：每天协调各个部门的事情，不仅事无巨细，凡事他都亲力亲为；大大小小的业务签约，不仅冲锋在前，还成为其他业务员的超级客服，要回答业务员和客户的所有疑问；无论是营销推广，还是产品研发，好像全世界就他最懂行业、最懂产品、最懂经营、最懂管理一样。

仅仅就这些事情，就已经让他忙得焦头烂额。他还经常失眠，就更别提抽时间外出考察、学习新的经验和方法，或者好好地陪陪家人了。

这样的工作方式，他坚持了10多年，可企业每年的发展，就像蜗牛爬行一样，并没有明显的增长。这样的管理者常态，不知是不是你的工作写照呢？

如何改变呢？要学会"偷懒"。

会"偷懒"的管理者，团队员工成长得快，企业发展得快，自己提升得也快。不信？那先来看看厉害的人是如何当管理者的。

有位记者曾经问马云，管理阿里巴巴那么大的企业，每天要几点钟上班。

马云说他每天都不用做具体的事。因为阿里巴巴有那么多员工，所以他起得比较晚。但是，在散步、洗澡、上厕所，甚至做梦的时候，他都在想事情。比如，在西湖边上锻炼时，他也一直在思考。

为什么说管理者要"偷懒"？因为伟大的事业和成就，从来都不是靠管理者埋头苦干做出来的。当然这里并不是说优秀的企业家都很轻松，而是说他们善于授权，自己去思考更重要的事情。

不过，这里的"偷懒"并不是说管理者可以随便撒手，什么都不管，不然公司可能会乱成一锅粥。"偷懒"也是要有方法和策略的！下面分享偷懒育才法三个常见的方法和策略，供大家参考。

用缺席来识别、锻炼员工

第一个方法是缺席。

比如，公司要召开一个会议，你可以在会前临时告知开会的人，突然有急事，你不能参加。会议是什么主题，需要达成什么效果，临时委托给一个人负责，交代完，你就可以回到办公室"偷懒"去了。会后你只需要看会议记录和解决方案就可以了。

又或者你要带团队去执行一个任务，临上阵时，你和团队说，自己有一件急事要去处理，等你把任务明确交代后，就可以去"偷懒"了，只等任务执行结果就可以了。

这样，通过缺席，你既能识别一些优秀的人才，又能锻炼下属的责任感和团队协作能力。由此可见，缺席是个培养人才的好方法。

阿里巴巴的"班委制"就是一个非常成功的案例。

天猫就曾经实行过没有管理者的"班委制"，重大的项目决策和日常管理工作，不是由某个人来决定的，而是由"班委"共同商讨和决定执行，这样，人人做事，大家共管。这也为阿里培养了一批非常有能力的管理者。

缺席的道理，就如同放风筝。公司的管理者是风筝的操控者，员工就是风筝。管理者给员工一个更大的发挥空间，就像风筝一样，可以在广阔的天空自由飞翔，这就是管理者的一种格局和胸怀。这样的管理方式特别适合年轻有主见的新团队。

当然风筝的线在管理者手里，是可控的，你知道它在哪个方向、飞了多高，可以随时把它召唤回来，或者调整方向。

用抽身来历练团队

"偷懒"的第二个方法是抽身。

如果说，缺席是一个临时的策略，给员工一个更大的空间，来发挥他们的才能，帮你识别优秀人才，锻炼下属的责任感和团队协作能力，那么抽身就是一个比缺席更长期的人才培养方法和策略。

不少企业管理者并不是不愿意把工作交给下面的人去做，而是觉得他们做得不够好，或者做得没有自己效率高。

殊不知，如果管理者把所有事都揽到自己身上，很多时候都是捡了芝麻丢了西瓜，反而得不偿失。

所以，当面对一项任务，你得进行评估，如果你带着他们做，效果是10分，他们独立操作，能达到6或7分的时候，你就可以让他们去做，自己抽身去做其他更重要的事。

比如，你很擅长做活动策划，一个常规的策划方案，你只要半天就能完成，如果交给下面的人去做，他们可能需要两三天，做出来的效果或许没有你的好。

那这时，你是不是仍然要选择自己做呢？我看未必！

如果10分是满分，你的下属独立完成的效果能达到6或7分，你就把自己抽出来，让他们去做。

这半天时间，你可以去开拓新业务，或者做部门的战略规划，获得的收益可能要比你做这个策划案多无数倍。

说不定他们还会给你带来惊喜呢。

所以，管理者要学会抽身，用腾出来的时间和精力，去做深度思考和更重要的事。

你可能会问，思考什么呢？管理者尤其是老板最需要思考的是公司的发展。

管理者是否有足够的深度思考，影响着企业的发展速度和增长幅度。

我的"瀚霆研习会"有三位"80后"的年轻企业家，他们在杭州创立了一家科技公司，专门针对中小卖家开发了一个叫"风火递"的手机打单发货小程序。

创业5年，"风火递"的用户量好不容易达到了100万。

但这5年以来，他们都是亲自带着团队干，不仅效率低、速度慢，人也累，其中一位还累出了一场大病。

面对这种状况，他们果断地做了一个决定：定期抽身出来跟我学习，去调整自己的状态，思考公司的发展。他们自己怎么都没有想到，惊人的事情就这样悄无声息地发生了：仅一年时间，用户量就突破了 1000 万，是前面 5 年时间总和的 10 倍，现在每个月还在以 100 万的速度递增。

更重要的是，团队的成长突飞猛进，企业的发展进入了一个全新的局面，整个团队的效能和公司的发展势头比这个数据还要猛。

如果管理者不学会抽身，这个团队就没法成长，企业也就得不到发展。

想要当个优秀的管理者，你要学会抽身，只有你抽身，团队才有独立的空间，团队有独立的空间才能成长，只有团队成长，企业才有发展。

用示弱来激发员工潜能

"偷懒"的第三个方法：示弱。

示弱不是说要你在下属面前表现得软弱或者犹豫，而是在面对一些专业性比较强的工作时，你要鼓励专业的人才去担当。

就如前面提到过的，松下电器的创始人松下幸之助就经常对下属说类似的话：我对这件事没有自信，但我相信你一定能胜任，所以就交给你去办吧。

又比如腾讯的马化腾，他自己就是顶尖的产品经理，QQ 就是他的作品。

2010 年 11 月的一个深夜，张小龙给马化腾写了封邮件："我们应该做一个即时的通信软件。"当时 QQ 已经非常成功了，用户数据还在不断增加。马化腾只是回复了 4 个字"马上就做"，并没有说"来，我指导你一下"。

即使在研发过程中，马化腾也没有做任何的技术干涉。至今，微信的中心一直在广州，没有搬到深圳的腾讯总部。因为马化腾认为，张小龙完全有能力带好这个团队。而张小龙也不负马化腾所望，现在微信的全球用户量已经突破了 10 亿。

可见，示弱是一种信任。当你对人才示弱，放心给他们委派艰巨任务的时候，他们的积极性和工作热情就会被激发出来，他们就会更好地完成你交代的任务，不仅能获得更大的成就感，也能更快地成长。

需要提醒的是，管理者偷懒，是要有前提条件的。管理者必须拥有前面讲到的"建篱笆、定方向和提升团队能力"的能力，还要做到信息对等和随时支援。信息对等是指你提供的信息越充分，他们就越清楚如何把事情做得更好；而随时支援，既不是放任不管，也不是处处插手，而是要做到有求必应，这样员工就无后顾之忧，可以一心往前冲。

一名创业者，当懂得从管理者变成领导者的时候，他的企业就会开始快速发展，因为他已经学会怎么把一棵树变成一片森林。

核心要点

要想团队成长，要想企业发展，管理者的发展心智需要有"偷懒"的因子，同时"偷懒"要讲究方法和策略——刻意地缺席、有意地抽身、适时地示弱能起到不错的效果。

培训三步法：
有价值的培训需要深度评估

培训是管理者提升团队能力最直接的方法，也是最好的方法之一。

日本经营之神松下幸之助有句经典名言："没有经过训练的员工，是公司最大的成本！"

或许对大企业来说，培训不是什么新鲜事。大公司有一套规范的培训体系、一批足够优秀的人才，能让后来者学习和模仿；还有足够的财力和资源组织企业大学，让员工去进修和提升。

但创业公司和中小微企业呢？他们的人力、财力、物力不可能和大企业相提并论，大多数的中小企业既没有成熟的培训体系，也没有足够多的成功案例可以当作模板。那要怎么办呢？

培训是企业长期性的战略规划

我发现，很多管理者决定给员工培训的原因，要么是团队出现问题了；要么就是自己在外面培训的时候，觉得某个内容特别好，自己特别感兴趣，一时兴起。

这种培训刚开始或许会有些效果，但时间一长，效果就会递减，甚至员工可能会反感和抗拒，这会极大地透支员工对管理者的信任。尤其是那些临时打鸡血式的培训、那些只在形式上激励的培训、那些通过沟通强制要求员工来参与的培训等。

管理者要明白，团队培训需要一个长期性的规划，这也是企业发展战略中一个重要的组成部分。

阿里巴巴不仅非常重视员工的培训，而且还做得非常优秀。本着"全员皆需培训"的理念，阿里巴巴上至高级管理层、下至新员工都必须参加公司的培训。马云也能坚持做到亲自给新员工讲一次培训课。

即使是在2001年的互联网"寒冬"，整个阿里巴巴要为"活着"而挣扎的时候，他们的培训预算也一分没减。阿里巴巴的成功，可以说与完善的培训体系和坚持长期性的培训工作息息相关。

你可能会问，那要如何组织培训才能让培训效果不会递减，反而还能递增呢？其实也不难，只要管理者能在培训方面做好三件事，就能达到效果：

第一件，明确培训的目的；

第二件，有针对性地研发课程和实施培训；

第三件，深度评估效果。

三个方向帮你定位培训目标

一般来说，培训的目标是为企业的发展提供源源不断的动力。这样的大目标可以当作企业发展战略的组成部分。但对于培训预算不足的中小企业来说，不仅要有这样大的培训目标，更要重视每次培训的具体目的。我把具体的培训目的分为三个方向，分别是：

·解决问题；

·提升能力；

·提高绩效。

明确培训目的的过程,并不是一蹴而就的,也不是说团队出了问题就着急忙慌地找个讲师来做培训,而是要通过三个调研步骤来确定培训目的:第一步,界定问题;第二步,分析原因;第三步,明确目标。

具体怎么做呢?我就从解决问题、提升能力和提高绩效这三个方向逐一介绍。

第一个方向,以解决问题为目标的培训。这类培训主要是了解企业或团队里存在的某些问题,并依据这些问题,有针对性地制订相应的培训计划、规划培训的内容。具体可以通过以下三个步骤,来规划培训的主题。

第一步是界定问题。比如,你目前最不满意的三个现象是什么?你和你的团队面对的最重要的三个问题是什么?你最迫切希望解决的问题是什么?

第二步是分析原因。比如,你觉得产生这些现象的原因是什么?你觉得最重要的原因是什么?

第三步是明确目标。比如,怎样才能证明这些问题得到了解决,即怎样才能证明培训的目标已经达成?

当你能清晰回答以上问题时,你培训的主题和具体内容也就基本出来了。

第二个方向,是以提升能力为目标的培训。这类培训关注的通常是员工或者团队的某项具体能力,从如何提升该能力的角度,来制订培训计划、设定培训目标、规划培训内容。

至于要通过培训提升哪些能力,你也可以通过界定、分析、明确三个步骤来确定。

第一步,界定能力。比如,员工缺乏什么能力,导致你必须亲自来处理常规性的工作?团队需要增强什么能力,才会有更好的效果?

第二步，分析原因。这些能力由哪些部分构成？是什么原因导致团队的人缺乏这些能力的？

第三步，明确目标。怎样才能证明这些能力得到提升，即你怎样才能证明培训是有效的？

第三个方向，以提高绩效为目标的培训。找到目前的绩效和你理想的绩效相差多少，然后想办法提升。至于要提升哪方面的绩效，具体要提升多少，我们看下面三步。

第一步，界定绩效。把你觉得需要改进的工作绩效一一列举，并根据重要性进行排序。

第二步，分析原因。比如，这些绩效涉及哪些岗位？在这些岗位上绩效最好和绩效最差的员工之间有什么差别？原因是什么？

第三步，明确目标。怎样才能证明这些绩效得到了提升，即培训的目标已经达成？

以上三个方向没有优劣之分，必须根据自己的实际情况用界定、分析、明确三步选择合适的方向。我们看下面这个例子。

我带领的企业家高端社群"瀚霆研习会"，有20多位企业家提出自入会以来，自己成长很快，但员工跟不上，需要进行提升能力的培训。我就是按照界定、分析、明确这三步来操作的。

第一步，界定问题和范围。我通过全面调研发现，这20多位企业家非常迫切的，其实是需要员工具备以下能力：

首先，员工要能听懂管理者说的话，要能领会管理者的意图；

其次，要能做好工作汇报，能精确地表达自己的工作计划；

再次，懂得独立思考，能自己解决工作中遇到的问题和挑战；

最后，要能高效地执行自己的工作计划，并懂得与团队协作。

第二步，分析。这几个方面其实还是比较宽泛的，具体执行时难以落地，于是我通过第二步"分析"来找到这些能力的构成要素。通过进一步我发现,和这些问题一一对应的,其实就是"会听"(接收信息、领会意图)、"会说"(表达信息、工作汇报)、"会想"(处理信息、思考解决办法)、"会做"(执行方法、执行力)和"会议"(信息对等、团队协作),于是,我把它们归纳为"五会"。

第三步,明确目标。通过界定范围和分析原因,培训的目的逐步显露出来,就是帮助这20多位企业家的团队提升听、说、想、做、议这五种重要的职场能力。培训后,员工如果在日常工作中倾听能力更强了、汇报更精确了、执行更高效了……都能说明培训是有效的。

这就是管理者在培训之前,必须做的第一件事:明确培训的目的和方向。

如何进行课程开发和实施

有了明确的培训目的,就可以开始做第二件事情:有针对性地研发课程和实施培训。

课程研发与实施,包含课程结构的设计、具体内容开发和执行实施三个方面,我继续用上面的案例来说明。

针对课程结构设计——我通过了解他们学习的习惯路径,把课程顺序调整为:"会说"、"会听"、"会想"、"会做"和"会议",并以此来划分五大模块,逐一培训和突破。

针对具体内容开发——我完全结合工作场景来开发。

"会说"就是精确表达思路和计划。放到工作场景中,就是要懂得如何简洁、清晰地汇报你的工作,比如既要对已经结束的工作周期做好复盘和总结,又要对下个工作周期的计划简明扼要地阐述,还要进行有技巧的说服表达。

"会听"就是要能非常精准地领会管理者的工作指示和真实意图。比如,管理者交代一件事的场景，你要能领会这件事背后要达到的目的和效果，以及了解事情的意义和重要性。

"会想"是独立思考解决问题的方法，以及可以应对工作挑战的能力，要求员工要具备深度思考的能力，比如在老板临时安排任务时，无论是熟悉的还是陌生的任务，你都要能独立快速地思考，提出解决方案，甚至自己独立解决。

同时执行的"会做"层面，是在面对老板给出的目标时，你不仅要能将抽象的目标转化为可执行的任务，还要有策略、有技巧地执行、跟进，提高工作效率。

作为管理者，面对最多的场景是"会议"，你要知道如何进行组织协调、激发会议的热情，我专门针对不同会议的场景开发了六种会议方法。

关于培训的实施与执行——我选择了实操对比教学法。比如，在"会说"的模块，我让学员在自己的小组内先单独汇报最近一个工作周期的工作内容，并说出下个工作周期的工作计划（可以以月度或季度为周期）；然后再对他们的表达方法进行培训；接着，让他们按照现场培训的方法论或工具，现场再做同一个汇报，一遍遍反复练习。

这样进行的课程开发和实施，不仅突出了场景性的课程内容开发，而且实施时做到了教学前后的对比，实用性非常高。三天两晚培训下来，效果非常好，现场20多位企业家和130多位受训的管理者都非常满意。

当然，你可以有针对性地自己研发和实施培训，也可以选择与外部培训机构或者是讲师合作，有针对性地进行课程研发和实施培训。

别让培训流于形式

根据明确的培训目的，有针对性地研发课程和实施培训之后，培训还需要做好第三件事情：深度评估培训效果。

很多培训师都说，教育培训是最划得来的投资，但我认为没那么简单。在我的经历里，见过很多企业的培训，最后都变成了走形式。

企业培训的效果需要建立在评估的基础之上，只有通过深度评估，才能把握好培训的投资回报率。

通过深度评估，理性地把握投入产出比，才能让一场培训更有价值。如何评估一场培训是否达到了目标和效果呢？

"柯氏四级评估模型"是培训界公认的最权威的评估模式。这个评估模式，是由国际著名学者唐纳德·L·柯克帕特里克提出，分为以下四个层级。

第一级，反应评估，也叫"满意度评估"，通常是评估受训者对培训的喜欢程度。这一级的方法比较常见，平时在各类培训时也会见到，比如，培训效果评分表、调查问卷等就是属于这一级别的。

第二级，学习评估，也就是通过培训，受训者获得了多少知识、技能与态度。比如，除了某些考试培训试卷，最常见的就是培训前后的比较，即"纵向比较"，以及培训过和没有培训过的比较，即"横向比较"。

第三级，行为评估，也就是我之前提到的，有没有把培训效果内化成你的习惯。你可以观察，在培训后、员工在日常的工作中是否发生了改变和提升。最常见的就如第二级的学习评估一样，做行为方面的纵向和横向比较。

第四级，结果评估，是在培训后，能准确评估培训究竟给企业带来多少价值，你也可以理解为这场培训的"投资回报率"。尤其绩效性培训少不了这类评估，你需要做培训前后各项数据的对比。

没有经过训练的员工是公司最大的成本，因此对员工要进行实质性的训练！一名优秀的管理者，总是不失时机地把员工的培养和训练放在战略级的位置。

核心要点

培训三步法必须做的三件事：

第一件事，培训前，通过界定、分析、明确三个步骤，来明确培训的目的；

第二件事，结合工作场景，进行针对性的课程结构设计、培训内容研发和培训的执行实施；

第三件事，用"柯氏四级评估模型"，深度评估效果，提高培训的投资回报率。

人岗匹配法：
企业换人的成本很高

在动物世界有这么一个故事：最近因为老鼠小偷越来越多，而且越来越猖狂，公共粮仓紧急招聘猫保安。可招聘广告上，对保安的要求描述得比较模糊，比如，需要积极主动、勤恳忠诚。最后，狗被聘上了。

狗保安特别积极主动，工作勤恳忠诚，一天24小时守护大门，一看到老鼠，就疯狂地扑上去，偶尔也能抓到一两只。虽然粮仓经理对狗保安的态度也赞赏有加，但老鼠小偷还是越来越多，越来越猖狂，公共粮仓依旧处于危险之中。狗保安并没有解决猫保安能解决的问题，粮仓经理因此非常苦恼。

听到这里，有没有觉得这个场景非常熟悉？你的企业里有这种招人用人错位的情况吗？当然，这只是一个比喻，并没有任何歧视的意思。

作为管理者，当你看着原本挺优秀的人才入职后也很努力，但就是出不了活儿，达不到你预期的效果，你是不是也和刚才的粮仓经理一样有着同样的烦恼呢？

其实，这是人才和岗位匹配度的问题，简称人岗匹配。

为什么会出现人岗不匹配的问题呢？作为管理者，该怎么办呢？接下来我就从内、外两个方面，说说提升人才和岗位匹配度的方法。

招到合适人才的三个关键步骤

外部方面，提高对外招聘的质量，是提升人岗匹配度的首要任务。

人岗匹不匹配，追溯到源头，就是招聘工作做得好不好。

很多企业存在这样的误区：招聘的时候不花心思，广"撒网捕鱼"，差不多就行。试用之后，实在不行再换掉。但需要明白的是，企业换人的成本非常高。一份研究报告的数据显示，中层管理岗位的流失和重新招聘的成本，是该职位年薪的20%，也就是接近两个月的工资；而重新寻找一名高管的成本则更高，达到年薪的两倍，也就是24个月的工资。

这还只是能用数据统计出来的，还有没能统计的隐形成本更高，比如有可能对企业文化、价值观和经营理念造成的破坏，对团队士气的影响，等等。所以，要节省成本，就要精心准备、精准招人、精确匹配。

一般来说，招聘工作主要有"三步曲"：发布广告、筛选简历、邀约面试。想要提高招聘质量，你就要在这"三步曲"上下功夫。

首先，在发布广告前，要用"人—人匹配"的模式，来拟写招聘广告。

在做工作分析和岗位描述时，可以写得专业、具体点，但在拟写招聘广告时，就不能按这种模式写了，因为招聘广告最忌讳的就是大而全。比如，对一个岗位的要求就写个十几二十项，别人看都看晕了，根本不可能了解这一岗位的实际需求。

其实，只要抓住三点来写就够了。

第一点：这个岗位需要具备哪些能力。

第二点：主要负责哪些工作和承担哪些责任。

第三点：需要产出什么成果。

这些内容需要从工作分析和岗位描述中进行提炼，如果企业里没有专业的工作分析和岗位描述，你也不知道如何写，就可以在已有的员工中，找出相同岗位里做得最好的那个人，然后分析这个人，构建一个模型，把它描述出来。如果公司没有相似的岗位，那就从同行企业里，找一个优秀的人才来分析。

这个思路就叫"人—人匹配"。只有把岗位拟人化了，才能把招聘广告写得清晰、明确和真实，从而达到"人—岗匹配"的效果。

其次，筛选简历时，不能只用关键词匹配，要跳出惯性思维。

现在网上的简历多如牛毛，要招到合适的人才，的确需要大量的时间和精力。基层 HR 看简历的时候，往往都喜欢用关键词来筛选，比如，学历、岗位名称、工作年限等。他们感觉这样效率比较高。

其实这样的匹配是不全面的，很容易漏掉真正优秀的人才。

只有从应聘者的整个履历分析，看他的成长过程、职业走向的潜在规律，从多维度出发，才能看出是否匹配。

比如，公司要招一名公众号的运营专员，招聘广告上写着：需要"两年工作经验"。但是，有位应届毕业生投了简历，虽然他还没正式参加工作，但是运营过一个公众号。公众号属于公司的行业范畴，其运营的数据也不错，我们从中可以看出他的专业度，这样的简历就不能错过。

最后，面试时要会"闻味道"。

什么是"闻味道"？通俗点说，就是通过设计一些看似不经意的环节，来测试和评估应聘者的"软能力"及三观，也就是我们所说的职业素养及人生观、世界观和价值观。

很多公司面试时，只问应聘者过去做了什么、做的效果如何，关注的通常都是"硬能力"，比如，他的专业能力和专业背景。其实，你还应该多了解他的"软能力"，比如，他的学习能力、团队协作能力、抗压能力等。

这些能力，靠一问一答很难看出来，需要用巧办法，也就是"闻味道"。

我曾经帮一家知名企业组建过一个新的专业团队。按照企业的招聘需求，新团队的人员既要有专业技能，还要思维敏捷、积极主动、性格开放、擅长沟通、能快速融入团队。

我的招聘策略是这样的：筛选完简历后，把邀请候选人来面试的时间安排在中午 11 点左右。候选人来到公司填写完表格，人力资源初试后，就快到午餐时间了。这时，我会安排他到公司的餐厅和正式员工一起吃围餐，然后到公共的休息室一起午休。

在这个过程中，我会让公司资深员工配合，仔细观察候选人的各种反应。比如，就餐和午休时，他是如何处理人际关系的；聊天过程中，他所说的话，体现出来的价值观，以及他是如何看待问题和这个岗位的；等等。这就是"闻味道"。

到了下午，继续按正常流程面试专业能力，也就是"硬技能"，就可以了。

这个精心设计的招聘环节，大大提高了入职人才的精准度，以及人才与岗位匹配的精确度。

提拔人才的两个关键动作

从内部选拔人才，也不能忽视匹配的问题。

你可能会觉得，公司内部的员工都是熟悉公司、了解岗位的人，提拔后匹配度应该很高。

其实不一定，很多时候也会出现"用狗做猫的事"。这个世界上没有全能的人，每个人都有自己的长处和短处，把人摆错位置，就会适得其反。

比如，一名员工专业技术能力很强，但性格内向，不喜欢和人打交道，如果你把他安排去做团队管理，就发挥不了他的优势，暴露的都是短板。而公司还可能会流失一名专业技术人才。

从内部选拔人才，如何做才能提高人岗匹配精确度呢？

我建议大家可以增加任用的弹性。比如，新岗位的要求，对于老员工要有挑战性，需要他跳一跳才能够得着，这样才能激发他的最佳状态。

你在看篮球比赛时，觉得最抓眼球的是哪个时刻？不出意外的话，应该是投篮那一刻：运动员一路冲破障碍，高高跳起，一投命中。通过拼搏获得胜利，是最有成就感的。如果投篮像顺手扔垃圾那样简单，运动员就不会有激情；但如果篮筐太高，很难投中，就会让人气馁，放弃努力。

内部提拔人才也是同样的道理，新岗位要有挑战性，优秀员工通过努力才可以胜任，这就是"跳一跳，够得着"的匹配原则，是激发潜能最好的方法。

另外还可以设置缓冲地带，让你和老员工"进可攻，退可守"。当老员工被委派重任时，一方面，他怕自己能力不够；另一方面，你可能也有些不放心。这时候，就可以设置缓冲地带，给你和老员工都留有余地，这就是"进可攻，退可守"。

比如，一位管理者咨询我：他想提拔一位业务经理到某个分公司去做负责人，但他有个顾虑，如果这位经理去了做不好，后面的事情就不太好收拾了。

我给这位管理者的建议是：可以采用临时委派的方法，让他代管三个月，如果招到新的负责人，再让他回到原来的岗位。

结果如何呢？这位临时委派的管理者全力以赴，最终转正。

这样的缓冲，既可以看出人岗是否匹配，也避免了优秀人才的流失。

通用汽车公司的 CEO 斯隆曾经指出，如果你不用四个小时安排好一个职位，让最合适的人来担任，以后就要花几百个小时来收拾烂摊子。这就是人岗匹配的重要性。

> **核心要点**
>
> 人岗匹配法旨在帮助管理者和老板提高人才匹配度,有内外两方面的技巧。
>
> 一方面,外部招聘要提高招聘质量,从三个方面入手:用"人—人匹配模式"拟写招聘广告;筛选简历要跳出关键词匹配的局限;面试时要会"闻味道"。
>
> 另一方面,内部提拔要增加弹性——"跳一跳,够得着"和"进可攻,退可守"。

容错转化法：
错误是企业变得更好的机会

在企业发展过程中，如果团队有人犯错，你要如何处理呢？冷漠、批评、罚款、还是开除？这是个常让管理者头大，又不能忽视、回避的问题，这一节的方法论重点探讨这个管理难题。

每个人都不想出错，但要一个人绝对不犯错也不太可能。传统的管理思维里，往往把出错当成一件不好的事情，常用批评和惩罚的方式来处理。

其实单纯的惩罚，无论什么形式，管理者都不会从中获得好处，因为这样只是在证明员工错了。而员工呢？以后只会更加战战兢兢地做事，甚至他会抱着"多一事不如少一事"的想法，生怕有任何差池。

在我看来，不犯错的团队未必是好团队，毕竟团队的错误里有时也会藏有价值，关键在于如何看待错误。如果你把错误看作团队学习的机会，把焦点放在以后如何把事情做好，那么，错误也会有积极意义。这样一想，学会如何从错误中挖掘价值，是不是一个更好的处理方式呢？

或许你会问，道理都懂，但具体如何做呢？

那我们就要深入一层，先来看看团队在什么情况下会犯错，以及什么情况下的错误我们可以挖掘出价值。

在排除了价值观和道德的问题，或者故意捣乱等因素之后，一般的犯错有以下三种情况，我们需要仔细思考，认真对待。

智慧容错：把挫折变"存折"

第一种常见的犯错情况，是意识层面的问题。这种情况下，员工往往是受到之前经验的束缚，观念保守、坚持老一套而导致的出错。

比如，我的"瀚霆研习会"的企业家会员宋子波，他的团队就曾遇到过这种情况。

在云南，宋子波被业界称为"云南十八怪之父""云南糖果大王"，他的猫哆哩集团在云南也是非常知名的一家企业，主要生产酸角糕，有20多年的历史。

2007年，他决定进行生产线改造，从半自动化改成全自动化，来提升产品质量和生产效率。但员工对这次改造有强烈的抵触情绪，在生产过程中，并没有严格按照新的流程操作，导致生产成本超过百万元的酸角糕水分含量超标。

要知道，那个时候，他公司的所在地玉溪的个人年均收入也不过是1万元左右，100多万，相当于100个工人一年的工资总额，这可不是个小数目！

其实，这几个批次的酸角糕还是安全可食用的，但水分超出了配方的要求，造成保质期缩短，而如果要延长保质期，就要添加防腐剂。但宋子波坚持猫哆哩的产品绝不能添加任何防腐剂。

面对这种情况，一边是巨额的经济损失，一边是品牌声誉可能会受到影响，如果你是宋子波，你会怎么办？你可能会说，那赶紧在保质期内，把这批货促销处理掉，尽量把损失降到最低。但宋子波没有这么做，因为他始终坚守他的品质理念。

最终宋子波做了个决定，把这几个批次酸角糕全部销毁！这让员工深深记住了一点：对企业来说，产品质量大过天，无论付出什么代价，都要保证猫哆哩的产品是100%合格的。

你以为这就结束了？还没有！宋子波希望能让员工明白问题的源头出在哪里。他亲自带着团队，去参观当地另一家著名企业——红塔集团，去看看人家的全自动化生产线，学习别人的先进理念，然后让员工反思自身企业的发展。

整个处理过程，宋子波没有处罚任何一个人，既没有批评、罚款，也没有降职、辞退，但每位员工不仅充满了自责，也明白了宋子波的用意。更重要的是这一波操作下来，员工的思想发生了180度的转变，不仅大力支持全自动化的改造，还帮着出谋划策，想方设法加快生产进度。

这件事之后，坚持100%纯天然、无任何食品添加剂，就成了猫哆哩产品的标签，深入人心。这也成就了猫哆哩，从当初的一家地方小企业，发展成为今天在云南几乎家喻户晓的大型集团公司。

我的这位客户宋子波，把团队犯的错巧妙地变成一次提升团队思想意识的机会，彻底改变了他们守旧的意识，成功地把一次危机变成了企业的转机。

可以试想一下，如果当时他只是单纯说教，或者严厉处罚，就算花再大的代价，都不可能有这样的效果。

可见，有时团队错误造成的危机，可能就是推动组织变革升级的最佳机会。因为对错误的宽容，更能让人心生感激，这比用惩罚引起员工内心的愤恨更有积极意义，也更能推动组织变革和企业发展。

在错误中累积经验

第二种常见的犯错情况，是经验不足、能力不够导致的。

常言道：人无完人。每个人在刚生下来的时候，都是一张白纸，什么都不会，什么经验都没有。人的一生，就是不断学习、积累经验的过程。

一名新入职的员工，或者刚刚调整岗位的员工，由于缺乏经验，难免会出现这样那样的错误。这时，就需要管理者多给他一些包容、一些机会，让他能吸取教训、积累经验。

我以前创办过一家公司，营销部门的员工在入职的第一天，会在办公台上看到一张纸条，上面写着："欢迎你的加盟，我们是一家允许犯错的公司"。

给员工一个允许犯错的空间，让他们通过放心大胆的实践来积累经验。我还记得，当时员工的稳定性和状态都特别好，绩效也是行业中最高的。

当然，允许犯错也是要有原则的。前面的三招管人法中讲到的建篱笆，要求作为管理者，必须要告诉员工一个明确界限，因为不是任何岗位都可以犯错，也不是什么错都可以犯的。比如，违反公司价值观、触碰红线、踩到底线，这些错都是不允许犯的；又比如，某些特殊岗位的专业性，像财务岗位，是绝对不允许犯错的。

对于多数人来讲，当你给他机会，让他积累经验，他就会越来越成熟，成为你的好下属、好帮手。至于如何避免这类由于经验、能力不足导致的错误，我认为，最好的方法就是提供辅导和培训，让新员工在做事中成长，在学习中成熟。

在容错中铸造创新精神

第三种常见的犯错情况，是因为创新试错而出现的错误。

创新是一种探索性的实践，意味着从无到有，也意味着风险和挑战。这种情况下，你既没有经验可参考，也没有现成的模式可照搬；而且，还可能会出错甚至失败。

如果对这些出错和失败进行全盘否定，就会抹杀员工的积极性和创新精神。

那面对这种情况，你要如何处理呢？

我给大家分享个案例。

在日本大阪，有家汽配公司，为了鼓励员工研发新产品，专门设立了一个特别的奖项，叫"大失败奖"，目的是告诉大家，即使失败也没关系，最重要的是要勇于挑战！因为失败后留下来的东西，有时候比成功更显得宝贵，探索的精神也值得鼓励，所以设立这个奖来表彰员工。

有一次，一名员工研发了一款新产品，结果卖不出去，导致公司亏损5000万日元。老板非但没有责备，还在公司郑重其事地举办了一次颁奖大会，给这名员工颁发"大失败奖"。神奇的事情发生了：本来新品上市失败，大家情绪都很低落，但因为这个奖，大家的积极性又被激发起来。不久后，那名得奖员工的另一个新发明让公司的营业额提高了5倍！

有意思的是，这家公司的老板本人，也得过这个"大失败奖"。当然，如果你很在意文字能量，我觉得可以换个名字，比如叫"勇于挑战奖"也是挺好的。

如果你能为团队的创新出错买单，团队就会勇于去挑战，给你创造惊喜！

需要提醒的是：容错不是鼓励错误，而是让错误可控，让错误转化成价值。对于因创新而导致的错误，一方面要宽容，另一方面也要划定边界，不是随便怎么犯错都可以。这时，制订清晰的容错机制，就很有必要了。

要构建完善的容错机制，你就要树立科学的容错流程，搞清楚哪些错误可以被包容，哪些错误要承担责任。比如，如果是没做计划、不设预案、违反制度、违背价值观和基本的专业度之类的原因导致的错误，就要严肃处理，最大限度地减少人为失误造成的损失。

还要记住一点：容错机制最核心的就是开放和透明，要把所有事情都放在阳光下，避免有人借创新之名，行独断决策或者谋取私利之实。

除了上面这三种情况，在现实中，团队或许还会有因为其他原因而出错的情况。

而妥善处理的关键就是一句话：如果你能把错误看成机会，一个让企业变得更好的机会，那么你就不会纠结于对错，而是会关注错误的意义。

总之，善于从错误中挖掘价值，才是一名优秀的管理者应该具备的素质。

团队不可能绝对不犯错，作为管理者，要学习容错转化法，把错误变成转机，把错误转化成团队学习的机会。只有管理者拓宽格局，适时容错，团队才会在容错中成长。

> **核心要点**
>
> 容错转化法旨在帮助管理者把错误转化成团队学习的机会。
>
> 常见的三种能挖掘出价值的错误及应对方法：
>
> 第一，因员工受到之前经验的束缚，坚持老一套、观念保守而导致的错误，这时管理者应把挫折当"存折"；
>
> 第二，因员工经验不足、能力不够导致的错误，这时要引导员工学会在错误中累积经验；
>
> 第三，因员工创新试错而出现的错误，这时管理者应在容错中铸造创新精神。

薪酬激励法：
薪酬就是发钱吗？

如果把企业的"企"字拆开来看，你会发现，无"人"则"止"，没有人，企业就没法正常运作了。所以"人"是企业最核心的资源，而涉及企业中的"人"就绕不过"薪酬"。

一说薪酬，不少老板、管理者就"心愁"，心里发愁！

工资低，留不住人；工资高，也不一定能留住人——高低之间，如何取舍？

奖金不发不能激励士气，发了却可能分裂团队——发与不发之间，如何安排？

待遇不公不能服众，过于公平却难以服"人"——"公"与"不公"之间，如何定夺？

不同岗位、不同能力、新老员工，一碗水端不平——平衡之术，如何拿捏？

人力成本越来越高，目标却没达成，钱没花到刀刃上——核心人才和关键岗位，如何判断？

……………

这些烦恼，只是因为老板、管理者还没弄明白薪酬的真正意义。

薪酬是什么

在很多人看来,薪酬就是"用钱购买劳动付出"。

如果仅仅是这样,估计企业就只能靠高薪酬来吸引人才;员工在企业里只是为钱而干活,也会因为钱不够而离开。

如果仅仅是这样,蔡崇信当初就不可能放弃数十万月薪的投行工作,跑去阿里巴巴拿只有500元的月薪。

"薪酬"两个字,包含了两个概念:

"薪"是薪资,劳动交易的货币,偏重于物质层面,简单理解就是金钱;

"酬"是酬谢,劳动付出的答谢,偏重于精神层面,譬如自我成长、晋升、荣誉等等。

薪酬既要关注物质的需求,也要关注精神的需求,因为这些都是人的基本需求。薪酬,离不开人性。

在管理学里,有一个著名的"人性假设理论",把人的本质属性发展分为6个阶段,分别是:"工具人"假设、"经济人"假设、"社会人"假设、"自我实现的人"假设、"复杂人"假设、"知识文化人"假设。

"工具人"假设,是把员工看成工具、活的机器或机器的一个组成部分。

"经济人"假设,认为人是"有理性的、追求自身利益最大化的人",在管理中强调用物质和经济上的利益来刺激员工努力工作,就是只谈钱。

"社会人"假设,认为人不仅仅会关心自己个人的物质利益,还会追求人与人之间的友情、安全感和集体归属感。

"自我实现的人"假设,认为人的需要是多层次的,人们有着最大限度的利用和开发自己才能的需要,希望能够有机会获得自身的发展与成长,"自我实现"是工作的最大动力。

"复杂人"假设,是在综合了前面三种人性假设的基础上发展出来的,认为人的需要和潜在愿望是多种多样的。

"文化人"假设,是近 30 年发展起来的理论,强调要重视人的问题,对员工要信任、亲密,以及拥有一致的组织目标和共同的价值观念,才能使企业获得成功。

所以,如果把"薪酬"仅仅看成"发钱",那么管理者就只是把员工当作"工具人"或者"经济人"。事实上,在现代社会里,特别是"80后"、90 后员工,他们的需求已经上升到"社会人"以上,他们需要的不仅仅是物质,也不仅仅是金钱。当然我们也不能走另一个极端,只强调"社会人"和"文化人",而忽视前两种情况,因为先贤们千年前已经告诉我们"仓廪实而知礼节,衣食足而知荣辱"。

薪酬的最终目的是激发员工的工作热情,让员工为企业创造更多的价值。如果管理者没有读懂他们的需求,给员工发再多的福利和奖金都是白花钱,根本无法支持企业的战略目标。

薪酬的四个公式

既然"薪"和"酬"是两个不同的概念,那么薪酬的效果是由"薪"和"酬"的组合范式来决定的。它们之间有四种不同的组合范式,分别用加、减、乘、除四个符号连接,就是下面四个不同的公式:

- 薪酬 = 薪 − 酬
- 薪酬 = 薪 ÷ 酬
- 薪酬 = 薪 + 酬
- 薪酬 = 薪 × 酬

那么,四个不同的计算符号是在什么情况下出现,以及会产生怎样不同的激励效果呢?

首先说说"薪酬 = 薪 − 酬",这样的薪酬不仅没有激励员工,反而削减了他们的工作积极性。

譬如，制定的 KPI 是高业绩高报酬，本来以为可以让员工拼命干，但如果目标定得过高，员工无论如何努力也实现不了，久而久之，他们的积极性就会越来越差，甚至消极怠工。

接下来说说"薪酬＝薪÷酬"，就是薪酬的效果是倍减，什么情况下会出现这种效果呢？

很多年以前，我目睹过一家在内地的外资企业发工资的情形。一沓沓现金放在桌子上，老板现场给员工发工资。但当员工准备双手接过时，老板突然把钱抽回来，问一句："你值这个钱吗？"这句话让本来满心欢喜的员工一下子心都凉了，感觉人格被侮辱了。这就是给薪酬做了除法。

再来说说"薪酬＝薪＋酬"，这是大多数企业的现状。薪酬能给员工一点激励，但是效果有限，时间长了，效果逐步衰减，人也就"疲"了。

最后说说"薪酬＝薪×酬"，就是薪酬不仅仅是给现在工作的奖赏，还会对未来工作产生激励。

"薪"和"酬"之间的运算符号是乘号，两个因素相互之间的影响很大，一个因素增加，效果都是倍增的。

我们来对比一下加号和乘号的不同效果。

假设给你的"薪"和"酬"评个分数，薪 70 分，酬 70 分。

如果"薪酬＝薪＋酬"，结果是 140 分，酬增加 10 分，结果也只是增加 10 分。

如果"薪酬＝薪×酬"，结果是 4900 分，酬增加 10 分，结果就是 5600 分，影响效果是倍增的。

所以，"薪×酬"，才是薪酬的最佳激励方法。

有一家非常成功的企业，他们的薪酬设计就是一个很好的例子。他们有一支最剽悍、最具战斗力的销售团队，曾经被称为"铁军"。他们是一支地推团队，帮助企业打下了最早的江山，曾被称为"现金奶牛"。他们的战斗力，很大一部分就来自薪酬的激励。

当时"铁军"薪酬设计非常简洁：当月业绩2万元以下，月底没有提成；当月业绩2万元至6万元，月底发提成比例是销售额的6%，并颁发铜牌荣誉；当月业绩6万元至10万元，月底发提成比例是10%，颁发银牌荣誉；当月业绩10万元以上，月底发提成比例是15%，颁发金牌荣誉。

假设有销售A和销售B两位员工，他们第一季度的业绩如下。

表1-1 销售A、B销售第一季度业绩　　　　单位：元

人员\业绩\日期	1月 销售额	1月 提成	2月 销售额	2月 提成	3月 销售额	3月 提成	合计 销售额	合计 提成
销售A	6万	3600	15万	2.25万	9万	9000	30万	3.51万
销售B	10万	1万	10万	1万	10万	1万	30万	3万

对比销售A和销售B两个人的表现，虽然两个人在第一季度的总业绩都是30万元，但是两人每个月的表现不一样，导致每个月拿的提成有差异，合计起来，销售A比销售B多了5100元。

一定要做好当下的工作，不然会影响到未来的收入，这就是激励员工的切入点。

他们企业价值观里有一句话，体现了这种激励文化：今天最好的表现是明天最低的要求。

薪酬只有把过去、现在和未来都融合在一起，拉大差距，才能给员工长期的激励。

这就是"薪酬 = 薪 × 酬"的效果。

如何让"薪+酬"变成"薪×酬"

如何获得"薪×酬"的激励效果呢？要做好三个关键要素的设计：岗位薪酬、绩效薪酬和能力薪酬。

第一，岗位薪酬，焦点在"现在"，关注员工所任职的岗位价值和胜任力。

岗位价值，是根据岗位的责任大小、工作强度、所需资格条件等特性进行评估的，它的意义是建立企业内部的公平性，并让这种公平性通过薪酬待遇来得到保证。

譬如，普通的销售人员和销售总监，两个岗位所承担的责任不一样，价值大小肯定不一样，原则就是"人岗匹配，易岗易薪"。

岗位薪酬的焦点是"现在"，意思是在不同的岗位就拿不同的薪酬。老员工如果不适应业务发展，从业务岗位调整为后勤岗位，薪酬必然随之变化。

第二，绩效薪酬，焦点是过去单位时间段，比如月度、季度或年度员工做出的贡献和成果，关注的是考核。

绩效，是指考核主体对照工作目标和绩效标准，采用科学的考核方式，评定员工的工作任务完成情况、员工的工作职责履行程度和员工的发展情况后给出的一定奖励。

绩效薪酬，最重要在于考核，没有考核，绩效就没有标尺。

制订绩效考核有三个原则，分别是：定量准确原则、先进合理原则和简洁扼要原则。

前面举例提及的某企业"铁军"的提成方案，就包含了这三个原则的特征。

定量准确原则：企业考核的标准是业绩金额，提成率按照不同档次有固定标准，定量清晰，目标精准。

先进合理原则：绩效目标是引导员工做出积极的行为的标准。企业把过去的业绩和未来的提成率挂钩，激发员工持续努力。该原则符合企业的整体需求，对归属于同一类的员工都适用。

简洁扼要原则：目标的设定一目了然，让人一看就知道工作成果，能够明确目标方向。

第三，能力薪酬，聚焦的是未来的发展，关注的是能力素质。

能力薪酬是指企业根据员工所具备的能力或者任职资格来确定其基本的薪酬水平。对人不对事，其中基于岗位的能力占了岗位薪酬总额的绝大部分；员工能力的高低和薪酬、晋升相挂钩；其设计的假设前提是：能力高的一定取得高的绩效，使员工能够认识到高能力会取得高绩效；薪酬随着能力提高而提高，能力最高者，其薪酬也最高；管理者关注的是员工能力价值的增值。

譬如，某企业的薪酬设计中有一个胜任力系数。胜任力因学识、经历各异，个人素质与技能不尽相同而有所不同。所以即便是岗位价值相同的情况下，具体任职人员由于自身素质的不同，也会导致价值回报不一样。

某企业把职位分成不同的等级，譬如普通工程师是14级，高级工程师是15级，两个等级的月薪最大差距有1倍。月薪还要乘以胜任力系数，完全胜任的系数是1，基本胜任的系数是0.9，暂不胜任的系数是0.8。

譬如，一位刚进入职场的新人和一位有多年工作经验的员工相比，即使岗位一样，但是胜任力系数会有差异，在薪酬上就会体现出来。当然，如果新人进步快，经过考核胜任力系数也可以反超老员工，这就是奖勤罚懒的作用。

能力薪酬的设计，还有很重要的一环是做"人才盘点"，主要有四个目的：为战略配置人才，发现潜力型人才，制定人才发展体系，为选拔、绩效、培养、薪酬提供依据。

管理界有很多做人才盘点的工具。在这里，介绍"瀚霆方法论"独创的一个人才盘点九宫格工具（如图 1-1）：

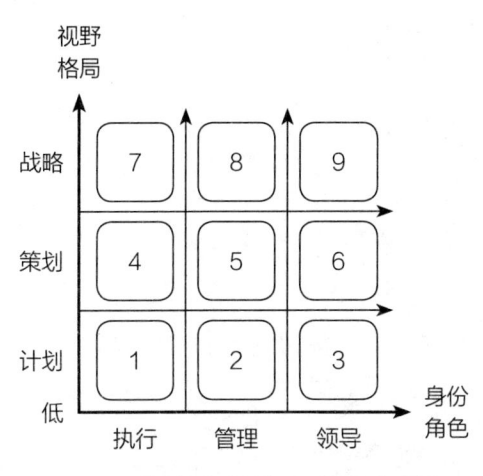

图 1-1 "瀚霆方法论"人才盘点九宫格

按照这个九宫格里的两大维度和六个关键能力对公司的人才进行分析，我们能得出九个级别的人才地图，分析盘点后就可以清晰地看到公司的人才结构是否合理。

结合岗位薪酬、绩效薪酬和能力薪酬三个要素，完善薪酬设计，便可实现"薪酬 = 薪 × 酬"的效果，从而让员工从职业人变为事业人，让被动的岗位管理变为人才激励，让辛苦的考核监督变为激励创造，让一个人的事业变成一群人的事业！

> **核心要点**

薪酬设计既要关注物质的需求,又要关注精神的需求。

薪酬的四个公式:

薪酬 = 薪 + 酬

薪酬 = 薪 - 酬

薪酬 = 薪 × 酬

薪酬 = 薪 ÷ 酬

做好岗位薪酬、绩效薪酬、能力薪酬的设计,才能实现"薪 × 酬"的效果。

新团队管理法：
90后新兴团队建设从信任开始

"假期太短，公司没有帅哥。"

"公司周边的外卖吃腻了，需要换一个。"

"我可以接受你不爱我，但我不接受周末单休。"

"老板打游戏太笨，还老让我带他上分。"

这些有意思的离职理由，都来自网上流行的一条热帖"90后辞职的55个理由"。近几年，我听过很多老板诉苦：90后实在不知道怎么管，说几句就撂挑子，太有个性，没有责任心，动不动就辞职。

确实，人才在迅速换代，随着90后新一代互联网原住居民加入职场大军，使得传统管理团队的方法和套路暴露出不适应，甚至出现了负向的效果。作为第三次工业革命时代跨越到互联网时代的移民，要想管理好这群新新人类，管理者必须要了解他们，有针对性地升级管理理念和管理方法，才能带领好他们。

打造新兴团队的思路，主要包括四个方面的内容：信任管理、机制管理、格局管理和原则管理。

用人不疑，疑人不用

我们常说"用人不疑，疑人不用"，这一点在90后身上需要用到极致，因为90后的安全感跟父辈很不同。

90后的父辈经历了由贫到富的一个发展阶段，每个人都必须拼命地奔跑；而90后不是这样，他们出生之后，父辈就为他们打下了"江山"，大部分不需要每天为吃饭、穿衣而发愁，他们有充足的安全感。

因此用于90后的父辈职场人的恐吓管理和惩罚型管理对90后只能起到负向作用。这个时候管理者就要将"用人不疑，疑人不用"的信任管理做到极致。

首先，要严格把控招人这一关。如果你招来的是真心想来做事并做出成绩的90后，那后期大多数的顾虑都可以避免。就像做结婚决定前，你要问自己："他真的是我的真爱吗？"

招聘新人时，也要经常问自己："这人是我毫不犹豫就想招来的吗？""这人我放心和他成为背靠背的伙伴吗？"如果有一点犹豫，就不要招，宁缺毋滥，不然后面极有可能出现各种问题。

真正满意适合的应聘者，你当场就会拍板想要录用。有了这个把控过滤，你就能很好地做好后期管理。

其次，要给他们试错空间。90后和他们的父辈有很大的不同，他们生于新科技时代，听得多、见得多、喜欢尝试，吃苦不是他们的长项，敢于尝试才是。何况抖音等新媒体层出不穷，这些早已颠覆了传统媒体，商业理论正在被改写，你需要信任90后，给年轻人试错空间。

作为管理者，如果你为了满足自己的控制欲，硬要90后服从你的操控，什么事都要先得到批准才去做，不但你会累死，他也会失去创新的主观能动性。如果员工做什么都需要先审批，那目标就会从"尝新追逐优异"而变成了"保险不犯错"，产品就越来越平庸了。

那些优秀的公司，如腾讯、阿里、头条，往往都有一群敢于冒险和尝试的员工，更重要的是，他们被信任着。

设置游戏化的管理机制

针对90后的管理机制不能一板一眼，而要模仿适合他们的游戏化机制和思维。因为他们的时间感很不同。90后是需要即时反馈的一代人，他们在网络游戏当中，在微信、抖音这种软件当中都可以获得即时反馈，而不像他们的父辈，可能干了一年的工作，需要的反馈就是在年终的总结表彰大会上，领导给他发一个荣誉证书。

如何设置游戏化的管理机制呢？需要把握三个核心点。

第一是反馈要足够快。

比如说奖金提成，该给奖金激励的时候，必须直接给，最好是当月或当场立结。像那些互联网的分销产品，你一旦帮助他们成交，佣金一秒钟就到你的账户。

也可以当年轻员工在会销现场达成业绩目标就立马公开发奖金，写出爆款文章立马发奖金……直接和立即的激励能够让90后员工有一种爽爆了的成就感，就像玩"王者荣耀"打到装备一样。

第二是营造不确定性。

在传统的管理当中，其实我们使用的都是确定性的方案。比如说你设定了一个月度目标，然后根据这个目标，如果你达成了，我会给你一个确定性的奖励。

这些对90后而言其实是没有新鲜感的，因为他从第一天工作的时候，就知道未来结束之后确定的收益是什么。你要想办法在游戏化管理当中，针对一些日常的奖惩增加不确定性。

最近年轻人当中非常流行"盲盒"游戏，你可以借鉴，在公司里做一些"盲盒式"的抽签箱。比如先做一个针对上班迟到的抽签箱。传统公司针对上班迟到这个情况一定有明文规定，比如说迟到罚50元，等等。但这种惩罚对90后而言是确定的，不好玩。那我们就做一批抽签卡，就像扑克牌一样，放在一个大箱子里，每一张卡片上写着不同的惩罚。

比如说一名员工迟到了，对不起，罚他去抽一次这个卡。抽出的卡片有多种能力，比如说帮大家收一天的快递、坐在前台办公一天、给同部门的同事收拾一次工位卫生。还有一个特别重要的，这里面需要有几张"免死金牌"：今天迟到了，如果你手气好，抽到了"免死金牌"，就可以免罚。这些抽签卡会让小伙伴迟到之后得到不确定的惩罚，这会勾起他们的新鲜感。

第三是包含社交货币属性。

社交货币的关键是可以用来炫耀和发朋友圈。为什么呢？因为90后的存在感有别于其他人。其父辈的存在感基本来自现实的工作生活，比如加点儿工资，比如公司开会能不能到主席台就座，今天下班有没有人请吃饭……而90后的存在感在哪里呢？他们都是依托在网络的虚拟世界当中，他们更在乎自己有没有网络影响力。

什么意思呢？比如说一名员工做得好，应该获得一个奖励。你有两个方式选择：第一个是奖励他8000块钱的现金，第二个是奖励一部价值相当的iPhone手机。那么你给90后员工做激励的时候，应该选哪一个呢？

可能很多传统一代的人会说："我当然要现金，因为这现金拿回去，我需要什么就会买什么，可支配性很强啊。而且，这款手机我可能有了，或者说我不需要买那么贵的手机啊。"

但是，针对90后而言，你恰恰应该奖励他iPhone手机，为什么？因为你奖励他8000块钱现金他不能晒朋友圈，他不能去炫耀。因为他一炫耀就会有大量的朋友、同事、小伙伴要求他请客，最后8000块钱不仅剩下不下，可能还要倒贴。但是，如果你奖励他一部iPhone手机的话，他就可以大张旗鼓、明目张胆地在自己的朋友圈炫耀：你看我干得好，我获得了奖励，老板奖励了我一部 iPhone。这就是 90 后特别重要的一个心理需求，他们想获得的奖励一定是可炫耀的。

管理者需要放大格局

90 后非常反感的是，做老板的趾高气扬、装腔作势，总觉得下属必须要"珍惜"在这里工作的机会。这一点是管理年轻团队的大忌，因为现在 90 后年轻人的位置感大不同。90 后的父辈可能都有兄弟姐妹，或者是在上学过程当中大家需要竞争、需要 PK，然后才能获得自己相应的位置，而大部分 90 后是独生子女，天然地认为自己就是宇宙的中心。

作为老板或管理者，需要打开自己的格局、放大自己的格局才能容得下他们。

首先，你需要给员工一个足够大的成长平台。

怎么做？一开始，就要给 90 后高一到两个级别的任务。90 后最讨厌简单、不停重复的工作，认为一眼就能望到头的内容没意思，觉得无聊就走人！没有挑战只会让人睡着，只有慢慢增加"游戏"难度，才会让人上瘾想玩下去。

当然啦，你还得给 90 后送上攻略，帮助他们总结方法论，在他们上不去的时候带他们一把，让他们能通关。

90 后也需要得到重视的感觉，愿意接受责任。把自己的难题交给他们，让他们帮你一起分担，他们感觉到自己的重要性，你的难题也就解决了一半。

对 90 后说"我有个难题，希望你帮帮我，拜托你了"要比"喂，你怎么回事？活还没干完？今晚加班"更管用。在阿里工作特别辛苦，在华为工作更累，那为什么很多年轻人甘愿承受这些？就是因为老板和团队的格局足够大。

此外，除了成长计划，还要给90后上升通道，让他们看到5年后的自己是在什么位置。很多公司之所以留不住人，其实是因为自己的业务模式一开始就设小了，没有上升空间。与其怪90后跳槽，不如想想自己的格局是不是小了。

原则：建立底线，放大顶线

必须先跟90后团队成员说明白不能触碰的那几条底线，如果触碰了底线的话，就只能离开这个团队，这是团队和公司的原则性问题。这一点在三招管人法里也有提到，对于新兴团队建设更需要这个原则。

为什么要设置底线？其实这叫丑话必须说在前面，如果你事前并没有向年轻人声明这点，有人触碰了，你也没有理由让他离开这个团队。

一般需要建立什么样的底线呢？通常来说，一个优秀的团队包括这几类底线。

第一类，绝不能从事第二职业。

任何岗位，公司付给了相应的薪水，你就不能"身在曹营心在汉"，不能三心二意，不能利用工作时间或者业余时间去从事第二职业。

第二类，不能泄露公司的秘密，特殊的岗位需要签订保密协议。

大多数岗位的员工或多或少都会接触到公司的一些秘密，如果把这些秘密泄露给主要的竞争对手，可能会对公司产生毁灭性的影响。

这些都在前面提到过。当然，还可以有更多类别，比如"决不能行贿和收贿赂"。阿里巴巴就要求员工不能收礼，超过百元的礼物必须上交……你要根据自己团队的具体情况来设定底线，比如财务上的底线、客户某个敏感度的底线等等。

和设置底线同样重要的是"放大顶线"。什么意思呢？顶线和底线相对应。底线是所有员工不能触碰的高压线。而顶线恰恰相反，是值得鼓励的所有正确行为。

作为管理者，你一定想在团队中倡导一些精神、一些风范、一些行为。那你就要想办法先找到这个顶线，然后把它放大。通常来说，你发现某名员工践行了某种精神和风范的行为，你就可以把它拿出来，然后放大，让所有员工向他学习，这就叫放大顶线。

我们公司正在拓展微课业务，有一名员工给项目负责人发了一条这样的信息：

"×总，有一件事跟您请示，在这次研习会上（推微课晚上的前一天），我在小组9人群里发了微课个人分销的二维码（小群里的学友把我的二维码散播了出去），于是那天晚上推课期间成交了21个课程，产生了分销收入1500元。我想把那天晚上产生的这1500元分销款退到公司财务处。因为这是揩公司的油，而不是个人努力获得的成果。"

项目负责人马上回应："你这是在拓展微课业务，公司积极倡导你的这种营销行为，这属于你的正常收入。"并在征得这位员工的同意后，将消息发到公司大群里进行宣传，当天下午还召开了部门会议倡导员工的积极推广行为。

> **核心要点**
>
> 90后新团队建设管理需要把握好四个管理：
>
> 第一，信任管理，用人不疑，疑人不用；
>
> 第二，机制管理，设置游戏化的机制；
>
> 第三，格局管理，管理者需要放大格局；
>
> 第四，原则管理，建立底线，放大顶线。

小 结

众所周知，团队是管理者借以实现组织目标的基石，引领团队和培养人才是管理者的基石能力，这一章"管理团队的方法论"主要讲述了九种方法，以帮助企业管理者培养人才和打造优秀团队。

其中前五种方法——角色归位法、三招管人法、五项权力法、偷懒育才法、培训三步法，从管理者的主观能动性出发，来探索培养和引领人才。

角色归位法——管理者累是因为站错了位置，管理者绝不能成为员工的父母，无能的员工都是管理者宠出来的，优秀的员工是管理者信任出来的。

三招管人法——管好人必须要做好三件事，即建篱笆、定方向、提能力，具体指向设定企业价值观底线、确立并夯实组织的愿景和使命、提升团队员工的竞争力。

五项权力法——管理必须用好任用权、奖赏权、惩罚权、能力权与感召权五项权力，尤其后两种权力，因为这两项权力具备强大的生长力和渗透力，决定你的领袖气质和影响力。

偷懒育才法——"偷懒"要讲究方法和策略，在胸中有丘壑的前提下，刻意地缺席、有意地抽身、适时地示弱都会有意想不到的收获。我一直认为，缺席能识别、锻炼员工，抽身可以历练团队默契，示弱能激发员工潜能。

培训三步法——培训一定要讲究方法，培训前必须做好调研分析、清晰目标，针对性的研发课程和实施培训，做好培训后的深度评估，这样才能保证用最低成本达到最佳的培训效果。

管理团队的方法论的后面四种方法——人岗匹配法、容错转化法、薪酬激励法、新团队管理法，则是侧重于打造有机组合的优秀团队，让团队发挥 1+1>2 的效果。

人岗匹配法——不管是外部招聘还是内部提拔，首先要构建好人才画像或模型，其次是用足够的精力筛选人才，这样才能避免掉入人才"好看不好用"的坑，才不至于浪费巨大的人力成本。

容错转化法——好的创意都是从无数个错误中成长起来的，所以管理者需要有包容错误的胸怀；另外犯错是团队成长的最佳时机，优秀的管理者不仅要包容错误，还要善于把团队的错误转化成有效的成长资源。

薪酬激励法——好的薪酬制度都具有强大的激励作用，管理者要学会解读员工的需求才能制定有吸引力的薪酬，只有符合员工需求的薪酬，才能让员工主动为部门、为企业创造更多的价值。

新团队管理法——要打造好 90 后新员工团队，必须了解他们的特点，他们更重视工作过程中的体验，所以新团队的管理者不能死板，需要具备游戏化思维。

如果你还想进一步学习打造卓越团队的方法论，扫描二维码，可以获取"瀚霆研习会·高管密训会"的内部培训资料——《领导力：从管理到领导，从领导到领袖成长之路》PDF 文档。

第二章

深度思考：
思考的深度决定管理的效率

三层需求法：
抓住员工隐藏的真实需求

一切问题都是需求的问题，所有愤怒和不满背后，都有未被满足的需求。

人的真实需求很多时候是隐藏起来的。孩子搞破坏，表面是跟你对抗，实际上是需要你的关注和陪伴；爱人要你早点回家，表面是不放心你、担心你，实际是内心有不安全感需要你的陪伴；客户偶尔的抱怨，表面上索要赔偿、要见你的老板，隐藏的需求可能是期望得到安抚和尊重……曾经有一家做红糖企业的客户给我分享过一个这样的案例。

这家红糖企业电商客服部的一位新员工接到了一个投诉："我收到的这盒红糖，包装盒下面两个角被压扁了。"以往员工接到这样的投诉，基本上是进行退货或者换货处理。但这位新员工的做法却出乎大家的意料，他询问客户："这盒红糖是你自己吃，还是送朋友？如果是你自己吃，我们愿意补偿你10元红包；如果是送朋友，我们愿意免费给你快递一盒新红糖。"最终客户接受了10元的红包补偿。这个做法虽然有一定的成本，但满足了客户期望得到重视和安抚的需求。后来，这家红糖企业沿用这个处理方法，不仅提升了这家公司的客户体验，更带来了很多回头客。这位新客服也因此获得提拔，成了这家公司现在电商客服部的部长。

其实在我们的生活中，一切问题都是需求的问题。甚至可以很肯定地说，任何人都是可以被说服的，除非你忽视了他的真实需求。一个人不论多么愤怒，当他发现你开始愿意满足他的需求时，就不会再怒气冲天了。所以，让对方说出自己的需求，或者你敏锐地察觉到对方的真实需求并加以满足，才是解决问题的关键所在。

我们很多人处理问题效果差，就是因为经常会犯一个错误：喜欢从自己的角度出发，以为对方需要什么，而往往忽略了对方真正需要的。我们给了我们想给的，却没有想过这是不是对方真正想要的。

三层需求模型，找到核心需求

我有个客户，是一家网络创业公司的老板，公司做得很不错，可是最近跟着他创业两年的主力项目经理工作状态越来越差，交付的任务经常完不成或者不达标。老板找这位项目经理谈了几次话，明确指出了项目经理的问题，可是，每次这位项目经理都以各种理由为自己辩护，以至于他们大吵了一架，关系变得越来越僵。不过这位老板并不想失去这位得力干将，于是向我求助，想知道问题到底出在什么地方，怎样才能解决。

这个问题可以很大，也可以很小，关键在是否理解三层需求法。

我们都知道，马斯洛需求层次理论把人的需求分为五个层次：最底层的是生理上的需求；往上分别是安全上的需求、爱与归属的需求、尊重的需求；最高层次是自我实现的需求。我将这五种需求概括成更简洁的三层需求：

第一层：生存需求——包含生理上、安全和健康上的需求，是人最基础的需求；

第二层：生活需求——包含爱与归属，以及被尊重的需求，是人类从自然人进化成社会人后的社会性需求；

第三层：生命需求——主要对应自我实现的需求，也包含审美、创新等更高级的生命需求。

这个三层需求模型背后有一个规律：需求层次越低，产生的动力就越大，所以为了生存或者更好生存的需求动力是最大的；其次是为了生活或者更好生活的需求；最后是生命需求，当低层次的需求满足了，就会追求更高层次的需求。

这个需求基础模型在管理上大有效用。在管理工作中，想要激励员工、留住人才，管理者恰如其分地满足员工的需求是必须要做到的一个核心内容。然而，怎样才能满足员工的需求？这个问题听起来好像很简单，可是在现实操作中却成了困扰很多管理者的一个难题。要满足员工的需求，就要先了解员工在工作中的具体需求。

根据三层需求模型，我们可以观察员工在日常工作中表现出来的共性需求：

生存需求上——需要管理者为员工提供基本的生活保障，也就是合理的薪资收入；同时给员工一个安全、稳定的工作环境；

生活需求上——需要管理者营造舒适的工作氛围，包括和谐的上下级关系、同事关系，以及得到上级或老板的认同，让员工在工作中有自尊感、归属感；

生命需求上——企业要为员工提供实现自身价值的舞台，让他的工作能力、特长、人生价值得以充分发挥，获得足够的成就感和荣誉感。

现实中很多员工之所以会选择不断跳槽，恰恰是因为管理者或者企业忽略了员工以上三种需求的某一种，尤其是后面两种。想要激励员工、增加员工的满意度，增强企业的凝聚力，管理者一定要将满足员工需求这一课题，当作重要的系统工程来做。

回到上面这位网络公司老板的管理问题上来，我这位客户怎么挽救他的得力干将呢？

当时我是这样给这位老板分析的：

"首先，你说这位项目经理是跟着你创业的主力干将，这也就说明他的业务水平还是不错的，曾经的表现也是能令你满意的。那么，你有没有仔细想过，为什么他越干越不行了？你说他总是找理由自我辩护，最近还和你大吵了一架。我可以判断，这位经理心中充满了愤怒，很可能还有不少委屈。请记住这样一句话：所有愤怒和不满背后，都有未被满足的需求。"

"我不知道你给他的待遇到底怎么样，比如薪资、工作环境以及适当的休假（也就是生存需求）。但从工作完不成，还总找借口这个方面来看，这位项目经理的归属感和自尊感（也就是生活需求）是不足的；同时他的自我价值感也缺乏实现（也就是生命需求被忽略了）。"

分析过程比较长，省略了上面三层需求模型的讲述，分析完之后，这位老板很认同，接着我给了他两个建议：

建议一：让这位老板把三种需求分别写下来，0 到 10 之间，凭自己的良心打个分，最终分值与 10 之间的差距就是项目经理不满和愤怒的原因；

建议二：单独约项目经理喝个酒、谈个心——回忆一下他们共同经历的酸甜苦辣，特别要强调这两年项目经理对公司做的贡献，并要表示，对他的贡献都看在眼里且心存感激，最重要的是要聊出项目经理的内心需求。

我建议老板用下面这种方式进行表达：

最近我老在反思，觉得在有些方面亏待你了。我粗枝大叶的，容易忽略一些细节。其实我知道，这两年你吃了不少苦。作为公司创始人，我必须为你做点什么心里才踏实，但我这大而化之的性格有时候会注意不到，哪些地方希望我改进的，你尽管提出来，今天咱哥儿俩就说说心里话⋯⋯

后来，你可能猜到了，通过老板在需求上的努力和改进，这位项目经理回到了前两年创业时的巅峰状态。之后这位老板给我反馈的是：任何经营管理上的"药到病除"，都是抓住了员工或客户的核心需求。

只有满足他人的需要，才可能实现双赢

有这样一个关于天堂和地狱的寓言故事：在人们心里，天堂和地狱总是有着天壤之别，其实不然。一天，一位使者抱着这样的想法，去考察了天堂和地狱。他看到在天堂每一个人都是红光满面，精神焕发；地狱里的人个个面黄肌瘦，像饿死鬼一样，每天非常痛苦。这更加坚定了他的信念：天堂与地狱的差别真是太大了。

可是细问之下发现，天堂和地狱的人吃的东西是一样的，用的工具也是一样的。他们用的都是 1 米长的大勺子，只不过天堂的人用长柄勺子互相喂食物，所以人人都可以吃到食物，容光焕发；而地狱的人只想把装满食物的勺子往自己嘴里送，可是越想吃到东西，就越吃不到，内心就越备受煎熬，所以面容枯槁。

天堂和地狱的真实差别就在于，天堂的人懂得互相满足对方的需求，而地狱的人只想到自己。所以，如果你想过天堂的生活，就要懂得先满足别人的需求，这样才能实现内心真正想要达到的目标。如果你只信奉"人不为己，天诛地灭"的信条，那么就只能像地狱中的饿鬼一样，面容枯槁，事与愿违。

这个故事还给我们一个启示：需求分为甲方需求和乙方需求，只有通过满足乙方的需求，才能达成满足甲方的需求愿望，简单来说就是，只有利他才能利己。

当你遇到矛盾冲突时，首先提醒自己"任何的愤怒和不满背后，都有未被满足的需求；任何成功的'药到病除'，都是抓住了对方的核心

需求"。

优秀的管理者思考问题的第一个着力点就是"需求"：员工的核心需求是什么？客户的核心需求是什么？怎样才能抓住对方隐藏的真实需求？这时候就需要利用三层需求法思考模型。

> **核心要点**
>
> 三层需求法思考模型包括以下内容：
>
> 第一层，生存需求——包含生理上、安全和健康上的需求，是人最基础的需求；
>
> 第二层，生活需求——包含爱与归属，以及被尊重的需求，是人类从自然人进化成社会人后的社会性需求；
>
> 第三层，生命需求——主要对应自我实现的需求，也包含审美、创新等更高级的生命需求。

正向思考：
唤醒员工的行动力

管理者想要唤醒下属的行动力，就需要培养正向思考力。这里的正向思考法并不是简单的"正能量"，而是从底层思维出发，彻底改善行动和决策的动力。

社会心理学家莱德伍德曾做过一个实验：

随机挑选两组人评价一种手术方案，他对第一组强调手术的正面效果，即有70%的成功率；对第二组则强调手术的负面影响，即有30%的失败率。实验调查结果是，第一组人对该手术方案表示肯定，而第二组人则表示反对。

接下来莱德伍德做了补充，对第一组人说："手术有30%的可能会失败。"结果这些人立刻改变了想法，不再认同手术方案。然后告诉第二组人："其实这个手术有70%的成功率，远高于30%的失败可能。"但这组和第一组的反应明显不同，他们没有改变想法，仍然保持了原有的反对意见。

研究结果表明：同一件事，如果一开始是从负面角度去考虑，那么人们就很难再关注好的一面，这就容易丢掉更多的可能性，必定离目标结果越来越远。负向带来的能量远远大于正向的能量，不管理好负向能量，管理者和团队就会在不知不觉中被负面淹没，就像负面情绪一旦爆发，多少正面的道理和言语都难以挽回。

所以，管理者要尽量做到第一时间打开自己的正向思维，引导下属进行正向思考，绝不能把"这都是浪费时间""这太难了，根本不可能完成"等负能量语句挂在嘴边。可以说"累"，但一定不要告诉自己"我不行"，及时给自己和团队输入正向的力量，帮助他们恢复斗志，重新鼓起行动的力量。

知道了正向思考的重要性，如何培养正向思考力呢？下面将从三个角度给各位管理者提供有效的提升正向思考的方法：第一，破除思维的偏见；第二，破除情绪的偏见；第三，全身心活在当下。

破除思维的偏见和僵化

思维的偏见和误区是导致负向思考的重要原因。人的思维有一个很大的缺点，就是特别注重头脑中已知的规则和评判，这些评判让你只能看到你想看到的东西，这是一种僵化的思维。

对他人的负向评判，阻碍你和他人发生连接。

对自身的负面偏见，阻碍你探索自身的潜能。

对某些知识的偏见，阻碍你获得新的认知。

习以为常的评判思维模式和偏见，塑造了你我不断重复的习惯，也导致了我们把注意力放在了对人、事、物的偏见上。其中最明显的是"第一印象理论"背后形成的偏见，第一印象一旦在大脑中形成，就时刻影响着后续人们对该人、该事的认知。比如说面试，一般来讲，一个完整的面试要持续半小时到一小时，但心理学家告诉我们，面试官对于是否给应聘者进入下一轮面试的机会，这个决定基本在前面30秒到60秒之间已经做出。后面的面试时间用来干什么呢？更多是通过沟通、提问来印证他最初做出的决定。如果你给面试官的第一印象差，后面的努力和补救几乎是无法逆转的，因为面试官的心理定式已经形成，他只能看到符合他决定的那些行为和信息。

正向思考法，要求思考者持"非评判的态度"，时刻保持好奇心，即使你忍不住要进行评判，也要留意不被自己的评判牵着鼻子走，保持客观。具体的做法包含下面两个角度。

第一个角度：时刻保持孩子般的好奇心，就是你看待万事万物都有孩童般的心态，就像小孩初见世界一般的新鲜和好奇。这样你觉得一切都那么新奇、那么美好，不管是遇到的人、路边的花草树木，还是蓝天或白云，就算下雨都那么美。

第二个角度：进入"无知"的状态，就是一种当下的空杯心态，放下所有的对抗和成见。保持无知就是保持多样的可能性，就是保持真实的态度去认知一个事物，而不是先入为主地评判它；就是保持自己对新事物的吸收能力；就是保持自己不被已有观念劫持。

接下来，进行新员工面试或者与老员工绩效面谈时，首先需要放下内心的结论和成见，抛开第一印象的影响，带着好奇的、"无知"的状态去进行实事求是的信息收集和决策交流。

破除负向情绪的偏见

人无法进行正向思考，很多时候都是被自己的感受和情绪绑架了，比如，我很愤怒，我不讨人喜欢，这个人又甩锅，他就是个混蛋……当感受到这些情绪的时候，大多数人都无力跟它们对抗，而心智完全被它们主宰，做出一系列不理性的行动和决定，而这些行动和决定往往会让情况变得更糟糕。

当面对负面情绪时，需要注意的是，你并不是和你的情绪浑然一体的，你是比自己的情绪更高的存在，你要能够和情绪剥离开，用理性的视角观察到情绪的发生，同时能够选择要不要对这些情绪做出回应。

我建议：在观察到比较极端的情绪时，让自己停下来，学会做一个旁观者，进入"无为"状态，静静地观察内在世界中生出了哪些情绪，你只需要真实地看见这些情绪的生出和消失，不用去想"我该不该有这些情绪"或者"这些感受意味着什么"。这种观察的过程，就是练习对各种负面情绪和事件进行"冷处理"。这也是更全面地看到自己，从而看到更多、更完整的关于自己的信息。

正向思考并不是对不好情绪的否定、压抑或逃避，而是一种接纳与和解，否则将会累积过多的负面情绪，从而导致行动力下降。"无为"的目的也并非什么都不做，而是在被情绪绑架时用"无为"来破除负向情绪带来的偏见，更重要的是，"无为"的目的是帮你做出更合理的决策。

如果说上面"无知"的思维状态，能"解绑"僵化的思维模式，那么"无为"的状态可以"解绑"有害的情绪模式。

全身心活在当下

人的思维，除了容易被固有模式和负面情绪绑架外，还有一个缺点就是很在乎自己的过去和未来。其实大部分人的负向思考或行动力匮乏，都源于过去和未来：无法接受过去、不断担忧未来。

如果你能够把全身心的注意力更多地集中在当下，能够做到极少担忧尚未发生的事，也极少抵触已经发生的事，你所感受到的痛苦一定会减少很多，你当前的行动力就会强许多。

正向思考法提醒你：人的存在实际上只在当下，你所能感知到的只有当下，你的生命由无数个"当下"组成，其余关于过去和未来的记忆或担忧，本质都是虚幻的，是当下的自己头脑营造的概念。

但是，不对抗过去，不担忧未来，说起来容易做起来难。人的思维天然状态就是对过去耿耿于怀，为未来惴惴不安的。

我要告诉你的是，虽然思维可以穿越时间，但人的身体只能存在于当下，当你的注意力放在身体上、放在具体的问题上时，它就会牵引着你的思维回到当下。

如果不得不思考未来，就必须从正向的角度思考未来的目标和愿景。

另外，需要注意的是，正向思考是做成一件事的起点，是管理者必备的一种信念，只有坚信自己能解决问题、能达成目标，才有可能获得成绩。无论我们面临什么困难，要解决什么难题，首先都要静下心来，用积极正向的心态面对，提升团队的积极性，激发对方的正面动机。

> **核心要点**
>
> 正向思考法的三个关键：
>
> 第一，打破思维的偏见，用孩童般的好奇心和空杯心态接收最真实的信息；
>
> 第二，破除情绪的偏见，用"无为"解绑有害的情绪模式；
>
> 第三，全身心回归当下，用正面思考带动正面思考，用正能量唤醒正能量，用信念影响信念。

价值导向法：
找到最重要的价值方向，提升行动的动力

我有一个习惯，在招聘和考核员工时，会刻意留意这名员工是把老板满意看成第一价值点，还是把服务好客户看成第一价值点。如果这名员工总是把老板满意看成第一价值点，我会定性这名员工不值得培养，会尽快淘汰，因为这样的员工犯了基本价值导向的错误。

我在给客户公司做内部组织调研时，也会细心观察中层管理者和基层员工是把老板满意看成第一价值点，还是把服务好客户当作第一价值点。如果这家公司的员工把老板满意看成第一价值点，我的结论是，这家企业的文化需要重新建设，因为这样的企业，老板就是它的天花板，很难有创新、创造，自然也很难发展壮大，除非这个老板是超人。

不管是做内部管理，还是服务客户企业，正确的价值导向是非常重要的，只有遵循它才能打造优秀的、有战斗力的团队。

价值导向法有三个工具，可以帮助管理者在把握正确价值方向的基础上，提升把握价值、塑造价值的能力。这三个工具分别是：价值序位法、价值塑造法、价值转移法。

价值序位法

任何人、事、物的价值，都不止一个，而是多个。在某个事物的众多价值里，一些价值比其他的价值更重要。因此，面对多个价值，管理者就需要根据其重要性进行排序，筛选出众多价值中最重要或者更重要的部分，以便做出更高效的决策，这就是价值序位法，具体分两步来操作。

第一步：从方向上排序，判断什么最重要。

方向是第一位的！方向不对，努力白费。比如上面说到的，一家企业首要的价值方向就是服务的客户，为客户创造价值，而不是奉承老板。如果员工都把老板当作了第一价值点，这样的企业就会形成溜须拍马的官僚文化，对外就没有竞争力。就像一位父亲自诩为"好爸爸"，我就不怎么相信，为什么？因为父母合不合格、优不优秀，不是他本人说了算的，这个价值的评判者应该是他的孩子。

再比如孩子学习英语，是考试重要还是交流重要？如果你的回答是后者，那么你的孩子学习英语的方向会完全不同于现在市面上绝大多数培训机构提供的应试内容。而如果你的邻居老李选择让孩子学习英语的目的是考试，那两个孩子最终的学习效果也会截然不同。为了考试的学习最终会变成"知识记忆"，孩子可能在英语考试中取得高分，但在生活中不知怎么运用，过不久就会忘掉；而以交流为导向的学习是"运用式的学习"，从语言的角度来看，一般语感好、能交流的孩子，应试能力自然也不会太差。

第二步：从方法上排序，判断什么方法更重要。

如果说"方向排序"是选择做对的事情，那么"方法排序"就是把事情做对、做好。

再来看学习英语这件事，如果已经确定了交流的价值方向，那么，是看书重要还是跟着视频练习重要？是一个人学习重要还是一群人一起练习重要？是跟本地老师学习重要还是选外教重要……针对这些方法进行比对和价值判断，每一次判断排序，就是一次取舍，也可以提升学习效率。

而没有价值序位意识的人，就会认定一个方法持续不变。学会一种方法后，就变得懒惰，就妄想这个方法会永远有效。

价值序位法，就是永远选择去做最重要或更重要的事。一个人懂得价值排序，就会有清晰的价值导向，处理事情和做出决定时便能爽快利落。

价值塑造法

价值塑造法，并不是凭空捏造，而是发现事物的价值，再用合适的语言呈现出来。价值塑造既考验管理者认知的能力，也考验管理者的思考深度，那具体怎么进行价值发现和塑造呢？这里推荐两个方法："赋予意义"和"故事追溯"。

其一，用赋予意义来塑造价值。

人是寻求意义的动物，如果我只告诉你，你应该做这个，应该干那个，你要积极乐观，往往没什么效果。比如，我跟你说写工作日志很重要，你一般没什么感觉。但如果我说写工作日志就是总结，总结意味着成长，如果把你当下的能力状态，用数字 1 来表示，只要每天总结工作日志，每天成长一点点，哪怕只有 0.01，365 天后，你都会得到 37.8 倍的提升；相反，如果每天退步一点点，即使只有 0.01，365 天后，你最多只剩下 0.03。同样是 0.01 的变化，前后两个结果，居然相差了 1200 多倍。这样具体可感知的差异，会放大感官体验的效果。

再如，我跟你说阅读非常重要，你要多多读书。你表面上点头称是，心理台词却可能是"这还用你说，傻子都知道"。但如果你听到"三流的化妆是脸上的化妆，二流的化妆是心理的化妆，一流的化妆是精神生命的化妆。而读书，就是精神生命的化妆"，是不是会深受触动呢？

乔布斯赋予意义的能力简直登峰造极，他在说服工程师缩短开机时间时说道："如果我们电脑的开机时间能缩短 10 秒，一年卖出 500 万台电脑的话，省下来的时间就是 10 个人的生命，为了 10 条人命，大伙儿再加把劲！"工程师们被乔布斯这样的思考打动，经过不懈的努力，Mac 电脑的开机时间缩短了 20 多秒，相当于每年拯救了 20 多条人命。

其二，用追溯故事来塑造价值。

具体来说，就是通过追溯自己的故事，找到价值的源头，让思考有根基。比如你觉得幽默感很重要，那要怎么塑造幽默的价值呢？这时可以回想是什么经历让你觉得幽默感重要，是某次比较成功的演讲，还是某一条转发量很大的微博或朋友圈，抑或是某次因为幽默成交了大客户？这样的经历给你带来了怎样良好的感觉？对于你的人生价值有怎样的提升？通过这样的追溯，你会通过自己的故事来塑造幽默的价值。关于如何讲出一个有说服力的好故事，可以参考我的另一本书《团队精进五项修炼：团队成长的 45 个关键技能》里的"故事情境表达法"。

你还可以通过不断询问"为什么"的方式来追源事物的价值。比如说，你想要增强体质，你就可以自我询问"为什么要增强体质"，是为了更健康的身体；"为什么要身体健康"，是为了活得更长久；"为什么要活得更长久"，是为了有充足的时间改变世界……这样一连串追问下来，最后的答案一定会抽象到人生的终极价值。

价值转移法

不同的人对同一件事有着不同的价值思考，不同的价值观必然导致不同的行为，进而导致不同的结果。比如说工作，小赵认为工作只是挣钱的价值，他投入对应的时间和精力，干完该干的，下班就准时回家；而小孙认为工作具有成长的价值，他争取更多的工作来锻炼自己，投入大量的时间和精力，不辞劳苦。时间一长，小赵和小孙的能力和收入就会拉开差距，小赵就开始抱怨、消极怠工。

这里就牵涉另一种方法：价值转移法。一件事情给人的价值并非固定不变的，价值会随着环境、经验和时间的变化而改变。当事情的某个价值点不再能带来前进的动力时，管理者就要学会做价值转移，提供新的价值。

比如工作上价值的转移，当可以不再为得到上级的肯定而工作，你就可以转移到为了提升自己的业务水平而更好地做好工作，这就是说服小赵积极工作的方法；当不再为薪资而工作，你就可以转移到为实现自我、服务社会而工作，这个转移往后对小孙可能有效……当工作动力遇到瓶颈时，这样的转移可以增加员工前进的动力。

销售上价值的转移，是把销售的目的从赚钱转移到帮助别人的价值上来；不再想着眼前的销售业绩只是为了达成某个数字目标，而是把价值点集中转移到怎样让当前的顾客更满意……这样转移后，做起销售来就会更从容。

在团队管理的问题上，管理者要根据前面的三层需求法模型留意下属的需求发生了什么变化，从而运用价值转移法来帮助员工成长。

另外，价值转移也要分阶段，在不同的阶段，要做不同的价值选择。比如学习这件事情，初始阶段，积累信心最重要，初始学习的那点知识量和未来成就比起来简直微不足道，所以初始阶段信心的价值最大；而到了学习的进阶阶段，掌握方法则更为重要，这时就要转移到用学习方法培养学习习惯上来，因为这个阶段学习成效的高低，在本质上是学习方法和习惯的较量。就像人在青年时代可能追求乐趣，追求别人对自己的认可；到了中年时代，则强调金钱收入和地位；而到了老年时代，则更在乎安稳和被人尊重。

不管是工作还是生活，你要果断放弃比较低的价值点，转而去选择一些较高的价值。

作为管理者，必须知道如何通过价值导向法来推动或者激励团队成长。推动的方法就是通过价值排序、价值转移和价值塑造的方法找出对方所注重的核心价值，用这个价值点去打动他。这样，员工便对这件事情有了兴趣，就会自动、积极和认真地去做。有一些价值，是每个人都会在乎的。比如在三层需求法里的生存、生活以及生命的需求。只要用对了这三种需求，就会对人产生推动作用。

> **核心要点**
>
> 价值导向法包含三个工具：价值序位法、价值塑造法以及价值转移法。通过价值序位法找到事情中最重要的价值方向和最有效的方法；通过价值塑造法放大事情的意义，提升行动的动力；通过价值转移法跟上事情变化的节奏，找到当下最能推动事物前进的价值点。

身份赋能法：
提升身份感和资格感

我们每个人都有无数的角色，比如和父母在一起时是儿女的角色，在写书的时候是作者的角色，站上讲台时是讲师的角色，在饭店吃饭时是顾客的角色，在企业里是管理者或员工的角色……所有这些角色中所包含的共性就是一个人的身份。比如我是个有担当的人，我是一个自信的人，我是一个自卑的人，等等。简单来说，身份是一个人重要的底层心智，是心理活动的最核心部分！身份管理的是一个人关于"我是谁"和"我是一个怎样的人"的事情。一个人做或不做什么、内心在隐藏或者逃避些什么，全都符合这个人的身份。

作为管理者，我们必须有一个优秀的身份底色，只有身份感足够，身份才能赋予我们在工作中的每个角色以能量。

比如说，某位管理者有着"我是个自信的人"的身份感，那么他遇到事情时，就总能在从容淡定中展现进取精神，和领导打交道不胆怯，和下属交流不自傲，和客户沟通从容淡定。逆境中，逢山开路、遇水搭桥，保有一股不屈不挠的动力；顺境中，他能热爱并享受人生。

相反，一个人从小形成了"我是自卑的人"的身份感，就会导致他在很多陌生的人、事、物面前，不自觉地退缩，不敢管理他人，表现出胆怯、卑微、犹疑、逃避，内心充斥着很大的无力感；即使在自己擅长的点上，也会刻意炫耀来证明自己，这实际上也是一种身份感不足的表现。

可以说，身份感是管理者应具备的核心因素，是做好管理的底层思维，身份感决定了其他思维的形成。所以，管理者首先要建立良好的身份思维，才能管理好团队！

身份感的另一个代名词是"自我价值"，如果管理者没有足够的自我价值，身份感和资格感就会很低，甚至不知道自己要成为"一个怎样的人"，更别说管理好团队了。所以，身份赋能法的关键就是加强资格感，提升自我价值，并通过自己的身份赋能团队，具体包含三个方面的做法。

言出必行

言出必行是建立身份感的基础。

不管是管理者还是老板，坚持每件事做到"言出必行"，就能使你的身份感和资格感在一两个月内有明显提升，使你的内心能量提升，使你在员工面前有十足的底气。

"言出必行"就是说过的话一定要去做。你答应过的事，就要全力以赴完成，就算是答应自己的事也一样对待。

"言出必行"还有一层意思是：说的话完全符合内心的情绪感觉。当你心里感到不好意思，便把"对不起"说出口；当你不愿答应，就老实说"我不愿答应"。这样便做到了心口一致。

特别要提醒各位管理者的是：没有把握的事不要做出承诺。不要为了能够脱身而随口答应，也不要因为心软或冲动承诺某事。

严格奉行"言出必行"，一段时间后，你便不会因为欠别人的"心债"而感到不好意思、内心无力、内疚遗憾。因此，你会站得很稳、很有力量，并且别人因为知道你"言出必行"，就会对你很放心、很信任，因而尊重你敬佩你。你自己的身份感和资格感也因此获得提升。

接纳自己

接纳自己是确立身份感和资格感的前提。

接纳自己首先是不要否定自己。否定自己的人，会容易否定别人、妒忌别人，对别人的成就看不过眼。否定自己的人，会无意识地去证明自己不够好，否定自己的成就，或者事事要求完美，不允许自己犯错。

就算你不够好，你也还是拥有很多其他能力、经验和潜质。接纳自己就是要看到自己的能力和潜质。

更重要的是，否定了自己，就否定了身份感和资格感，结果就是，做任何事情你都会觉得无所谓。你自己和你的身份感，就是人生的基础平台，在上面盖什么高楼大厦都有可能。否定了这个平台，则无法把任何东西建立起来。

所以，你必须肯定自己的能力，肯定做得好的部分，坚信能够每天都有所进步。就像正向思考法一样，带着这份满足、坚定、喜悦的心情和成就感，明天便有更大的动力和资格感去发展得更好，这才是接纳的态度。

接纳自己还需要自我觉察。

自我觉察，就是进行内在的自我对话。事情发生时，你需要觉察到，自己在第一时间是怎么看待、怎么评价的。因为这个评价和看法通常是潜意识的，大多数人都无法意识到。当你留意和觉察第一时间的感受和看法时，你便更接近了潜意识中的自己。

人第一时间的反应往往跟内在的身份模式有关，它来源于童年的成长经历。如果我们不进行觉察，就很难发现它的存在。

一般情况下，我们面对领导或老师的批评时，第一反应会自责"唉！我怎么可以这样，表现得这么糟糕，本来可以更好的"……同时内心是焦虑、难受、纠结的。如果此时，你觉察到了这些，你就有必要进行内在的对话，对自己说："没关系，我可以这样。不论多么难受、多么糟糕，那已经成为过去，现在的我是全新的我，那件事可以发生，但它已经过去了。"

通过内在对话原谅自己，可以帮助自己从内心的冲突纠结中解脱出来，不再和"上一刻"的自己对抗，不再和"不够好"的自己对抗。把自己揽入怀中，就像抱着一个沮丧自责的小孩，告诉他说："没有关系，你可以那样，也可以这样。你可以做错，也可以表现不好，无论如何，我都会站在你这边，支持你。"这样的内在对话才是真正的自我接纳！

"我"不够好，但我接纳自己。人生本来就是这样的一个过程，每天都做到比昨天更好，每天有收获，有提升，有更多成功快乐。

原则明确

有明确原则才能树立起自我价值感。原则明确是建立身份感的最短路径。

很多人年轻时精力旺盛、热情洋溢，想做很多的事，也有很多抱负，但是也容易挫败气馁，结果十年过后发现一事无成，带着一种很大的无力感度过一生。如何才能避免这样身份感缺失的情况出现呢？

建立明确的做事原则和做事标准，"有所不为，有所必为"，才能避免这样的问题发生。下面两个原则，是要遵守的基础原则。

第一，"三赢"原则。

只要是符合"我好、你好、世界好"的事，不妨做，总错不了。就算没有即时或者直接的利益，都会有未来间接的利益。反过来看，对于一些没有什么明显好处但是因为内心好奇想尝试一下的事，你一定要想一想这事儿"会不会对自己有伤害、会不会对对方有伤害、会不会对其他人、事、物有伤害"，如果都没伤害，并且又没有更好选择的时候，是可以去做的。

第二"建设性"原则。

"建设性"就是事情能够产生累积的正面效果，每重复一次，自己的成长和未来的成功快乐便多一分。例如帮助老板招待外国朋友，能够使自己的外语能力有进步，也能够使自己面对外国人的时候更自然得体。应该主动地去找这样的机会。

做事情的时候，长期坚持这两个原则，你的身份感和资格感会迅速获得提升。

> **核心要点**
>
> 身份和自我价值是一个人的内核与底层心智，身份赋能法的关键就是加强资格感，提升自我价值，并通过自己的身份提升来赋能团队，主要包括三个做法：言出必行，说到做到；接纳自己，觉察潜意识，原则明确，着眼长远价值。

多维时间法：
善于购买他人时间，懂得将时间产品化

这个世界几乎所有的奇迹都与时间相关，时间是一个人思维里最不能忽略的元素。但奇怪的是，你问一个人：时间意味着什么？几乎没有人能讲得清楚。

时间背后最大的奇迹就是复利效应，这是巴菲特首要推崇的理念。就像一张纸的厚度是 0.1 毫米，把这张纸不断进行对折，当对折到 42 次时，厚度就达到约 44 万千米，而地球到月球的距离只有约 38 万千米。

与复利效应相对的，人总是高估短时间的作用，把事件积压到最后环节，或者一次性搞定，这叫临时抱佛脚。普通人总是低估了长时间坚持累积的力量，没有耐心坚持做那些看上去微不足道的关键动作，比如每天锻炼身体、每天阅读等等。

任何奇迹的创造都是厚积薄发的结果，是需要通过长时间持续积累才能实现的；任何苟且的平庸都是忽略了时间的累积价值。人与人的差距，都不是一蹴而就的，而是由一个个小的变化，经过时间这个放大器，日积月累形成复利效应，有的人处在负复利的下滑曲线上，有的人则进入了正复利的上升曲线。

对于职场中的管理者来说，最重要的就是多维度地找到提升和放大

时间价值的方法，并让其形成累积的复利效应，这就是多维时间法。

如何让时间变得更有价值

从价值上，让时间变得更值钱，是每位管理者的必修课。

你获得更高的学历，掌握更多的技能，学习时间管理的方法……最终都是为了提高单位时间的价格。大多数人都是按照这个路径成长起来的。但是，少部分企图心非常强的人慢慢发现，时间的价值最终会出现天花板——比如单个小时的咨询费、律师费、讲课费等都会遇到天花板，而且所有人的时间都是有限的，每天都只有24小时。

那么，有什么办法可以突破这个时间的天花板呢？给大家分享三个维度上的方法。

第一个维度是购买他人的时间。

我们请家政、订外卖就是购买别人的时间来节省自己的时间。购买他人时间的目的，就是能让你自己把时间花在更高价值的地方，比如工作一小时收入是200元，你请家政每小时花50元，那就很有必要购买家政的时间。

我们常常听说，事业要做大离不开优秀的团队；创业打造团队，其实就是购买员工的时间来复制和扩大自己的事业。管理工作的本质就是放大团队的价值。

第二个维度是将你的时间产品化。

对个体来说，放大时间价值的最好方法就是"把同一份时间卖出许多次"，也就是将你的时间产品化，比如写书、制作唱片、设计一部动漫、编写一个软件……都是将你的时间产品化的方式。

我以服务企业、给企业家做顾问为主，虽然收费很高，但对我的时间占用是非常刚性并且不可复制的。给这几家企业服务的时候，就不能给那几家企业做服务。而在"瀚霆商学院"上开设线上课程、组织"瀚霆研习会"社群，就是把我的知识和经验从服务变为了产品。每增加一位学员，我花费的时间并不会增加一倍。线上课程和社群的方式，本质上是使我的时间边际成本变得很低，所以在复制的空间上，具有更大优势。时间一旦产品化以后，同一份时间就可以反复卖出许多次，就可以持续获得收入。

第三个维度是持续聚焦高价值事件。

前面说了复利效应是时间的一个奇迹，巴菲特说过，复利就像滚雪球，但作为一个普通人，要怎么滚动自己的雪球，怎么获得复利效应的红利呢？

有一个这样的规律：不管你觉得自己内心有多么丰富，你在其他大部分人心目中，可能就是一个标签。比如，那个专门讲课的人，那个做PPT的家伙，那个搞投资的，那个卖房子的，等等。其实，这个标签就是你独一无二的价值，是滚雪球的起点，意味着你占据住了一条赛道，或者说一个品类。别人有相关的需求，也许第一个想起来的就是你。

所以说，一个人在一个圈子里面地位是否牢靠，不取决于他有多么厉害、多么善良，而是取决于他是否占据了一个领域，是否不可或缺。当他找到了这个不可或缺的标签后，他要做的就是持之以恒地在上面投入时间和精力，让越来越多的人知道他，随着时间的推移，会有越来越多的人愿意为他买单……这样就收获了时间的复利，获得了成功！那些做得好的品牌、优秀的自媒体、火爆的IP都是这么成功的。

如何让时间变得可把控

如何从短期上把控时间？答案是有节奏地拆分时间。

有一句很打击人的"毒鸡汤"是这么说的：比你成功千百倍的人，居然比你更努力。这不只是句流行的鸡汤，而是真实的社会现象。很多成功人士的努力程度都是外人难以想象的，比如前两年微博上流传的马云、王健林的工作行程表，对他们来说，每天高强度工作十六七个小时都是常事。

给大家讲这个，不是制造焦虑，而是想提醒大家要珍惜时间。时间很有限，过去了就不可能重来，生命的最直观形式就是时间，说"时间就是生命"一点也不为过。这些厉害的人，在时间上都有自己的原则。

有一次中央电视台要采访王健林30分钟，因为主持人和摄制组迟到了3分钟，眼睁睁地看着王健林坐着车绝尘而去，一分钟不多等，一点面子都不给，特别霸气。

其实不是王健林霸气，而是主持人不理解，对于王健林来说3分钟意味着什么。王健林的时间原则是：每15分钟是一个工作单位。万达高管请示工作要在15分钟内完成，即使和重要的领导会面也只安排15分钟。接受中央电视台采访，安排的是两个15分钟，最后主持人居然迟到了，王健林绝尘而去。

另一个比王健林更霸气的人是比尔·盖茨。比尔·盖茨的时间原则是每5分钟是一个工作单位。与人握手、签协议、拍照、离开都是按秒来计算的。他的助理团队几乎把他的所有工作行程都进行了严密的时间测算，并进行反复推演，以确保分秒不差。

因为王健林的影响，万达内部形成了一条不成文的工作法则：开会没人敢迟到。同样，微软因为比尔·盖茨的影响，每位员工都拥有了对时间的超强把控力。

虽然你很难像王健林和比尔·盖茨这样细致拆分自己的时间，但我给管理者的建议是：以每30分钟为一个单位来拆分时间。因为成年人大脑一次性的专注力大约持续在20～40分钟，所以选择以30分钟为一个时间单位是最合理的，这样做有三个益处：

首先，严格的时间限制，不管是开会，还是干具体工作，都能调动起你的紧迫感，强化你专注的动力；

其次，以 30 分钟为时间单位，能促使你把大块工作的内容分成小块来完成，从而降低心理压力，提升动力，减少你的拖延症心理；

最后，管理者以 30 分钟的单位来要求自己后，别人也会更加重视你的时间价值，比如给下属的会议时间和请示时间、跟客户的见面规定在 30 分钟以内，就会倒逼自己和他人提前做充分的准备。

看起来时间的底层机制对每个人都是一样的，但是，对时间的理解深度不同，对时间的使用方法不同，最终决定了人和人之间的不同。善于经营时间的人，每份付出都有积累，事业蒸蒸日上；不懂得时间价值的人一辈子都像在重复劳动中挣扎，甚至每况愈下。

> **核心要点**
>
> 多维时间法包括三个放大时间价值的方法和一个把控时间的原则。
>
> 三个方法：
>
> 善于购买他人时间。
>
> 懂得将时间产品化。
>
> 持续聚焦高价值事件。
>
> 一个原则：
>
> 严控时间的使用单位。

教练语言法：
管理者最重要的能力是提问

首先思考一个问题：管理者最重要的能力是什么？管理者需要具备很多能力，如果让你选出一个最重要的能力，那这个能力是什么？

就像一千个读者心中有一千个哈姆雷特，这可能会有许多种答案。你可以说是沟通，也可以说是培养人，可以说是执行力或者担当，还可以说是思考力或者灵活应变的能力。只要你能说服我，我都接受。但我想提出一个来自教练领域的参考答案：管理者最重要的能力是提问。

为什么说是提问？因为一般的管理有三种模式。

三流的管理者命令和强迫下属怎么去做，这是典型的"屁股决定脑袋"。

二流的管理者教下属怎么操作，直接教下属怎么做其实隐含着这样的假设：这件事情你不知道，而我知道，而且你需要知道。这种模式适合于带新人。

一流的管理者用提问的方式激发下属去做。你如果采用提问的方式，隐含着这样的意思：这件事情我不知道，而你知道，而且我想要知道。

显然，前面两种容易破坏关系，尤其在人才面前，第三种提问更能促进关系，能激发下属的创造力和主观能动性。

本来管理就是动员下属解决难题、达成目标的，所以通过提问，充分调动下属是非常关键的能力。

教练语言法首先就要巧妙地提出好问题，促动下属行动；其次要采用一以贯之的正向词汇；再次要坚持成就对方的原则；最后是在交流中融入对方。

促动式的教练语言

怎样的提问才属于教练式的语言呢？必须符合以下三个标准：

第一，思路上有启发，提的问题能够启发下属思考，让他思考得更深更宽；

第二，互动上有提升，提的问题能够促进和下属的关系；

第三，行动上有激励，提的问题能够推动下属积极行动起来。

你可以用这三个标准来给一个问题打分，然后把分数加到一起，得分高的问题，就是教练式的好问题，就是管理者要重点问的问题。"你认为呢？"就是一个很好的教练式提问。

"你认为呢？"符合上面三个标准。

第一，问"你认为呢？"是在思路上启发下属，让他拿出自己的思路和解决办法来。

第二，问"你认为呢？"在互动上也有提升，因为下属发现你尊重他的意见，想听他的想法。

第三，问"你认为呢？"还在行动上有激励，因为下属之前可能没想法，被你启发出想法之后，发现自己还挺有想法的，自我感觉会更好。这一点非常重要，人们会更喜欢自己想出来的想法，你通过问"你认为呢？"让他提出来自己的想法，他最终就会更愿意去行动，因为他觉得最终实施的想法是自己提出来的。

上下级谈话，最经常发生的情形就是下属来向你请示工作或请教工作问题。下属问:"这个事情该怎么办?"这个时候,你该怎么回答呢?我的意见是,遇到下属来请示问题,你至少在一半的时候都可以真诚地注视他,然后问:"你认为呢?"

当然,"你认为呢?"的应用还非常广泛,比如创意会时你可以把这四个字当作口头禅,比如做决策前用这个收集团队的看法。另外,还可以应用于父母应对孩子的提问、导师应对学员的提问、咨询师应对咨询者的提问……

除了"你认为呢?"还有"你觉得呢?""还有呢?""如果有的话,还有什么?"等促动式教练语言,当你把这些熟练应用于工作中时,你的管理会轻松得多。

一以贯之的正向词汇

教练式的语言还需要采用一以贯之的正向词汇,这是与本章前面提及的正向思考法相辅相成的。

在我们的意识和潜意识之中,所有的情感、思维、欲念、感受,都像一团模糊不清的星云。虽然目前的科学还没有准确把握语言究竟是怎样编码、生成的,但脑科学家经过大量研究发现,大脑和语言之间还是有些规律可循的。规律之一就是,人类的大脑有一个奇怪的特点,就是不能接受含有"不"字的指令。

比如,我现在希望你听听我接下来的这些指示:"你不可以想老虎,绝对不可以想老虎,大老虎不可以想,小老虎也不可以想,就算是白色的老虎也不可以想。总而言之,你不可以想老虎,一点都不可以想老虎!"现在,检查一下你自己:你正在想什么?对了,你就在想各种老虎!

或者你也可以试试接受这些指令:"你不可以想长颈鹿,但是可以想一只鬃毛很长的狮子;不可以想一条黑白相间的蛇,但是可以想一只有红色和绿色羽毛的鹦鹉；不可以想一只白色的企鹅，但是可以想一条金红色的鱼。"

回忆一下，你是不是不可以想的、可以想的都想了？指令包含六种生物，其中三种是不可以想的，另外三种是可以想的。你的大脑是不是自动把那三个"不"字删除掉，六种全部都情不自禁地想了一遍？

人的大脑凡是收到含有"不"字的指令，总是把它剔除。工作中，如果你用带"不"字的指令跟下属说话，只会得到一种结果：你不想对方做的事情，对方偏偏就做了；对方不会去做你想让他做的事，因为你没有正面告诉他。

基于这个规律，为了避免造成语言的反向效果，管理者不管与人交流还是对自我产生要求，都要学会将带否定词汇的句子，转变成正向的句子。比如，"不要紧张"应当改变为"请放松"，"你不要迟到"应当改变为"你明天早上八点之前到"，"他总是不合作"应当改变为"他是可以合作的"，"不要老是想着失败"应当改变为"想想如何能够成功"。

管理者恰当使用正面词语，利用大脑接收语言的规律，能让下属听得进去我们的话，也能够让我们方向明确、内心清晰，拥有力量感，工作少走弯路，离目标更近。

坚持成就对方的原则

管理者交流时要说成就对方、成就下属的话。

我们的生活中有两种人：一种是他一开口说话，就会吞噬掉别人的能量，这种人叫作黑洞；另外一种人，他的语言总能给身边人带来力量，这种人叫作太阳。相对应地，我们把前一种人的语言模式叫作黑洞模式，后一种人的语言模式叫作太阳模式。"良言一句三冬暖，恶语伤人六月寒"其实说的就是这两种模式的迥异。

有时候你以为只要去付出爱、关心他人就是太阳，但是你忘记了，太阳有时候也会晒伤人。那么什么才是真正爱的语言、成就对方的话呢？

真正的爱，背后是没有受伤、没有控制的。受伤、控制不仅在说负面话语的时候会发生，在说正面的话语时，也有可能会发生。比如，父母对孩子说的每一句话背后一定带有爱，但客观上很多话起不到爱的效果，或者说有很多话不一定能让孩子感受到爱。

大多数父母总会跟孩子说："你要谨防陌生人！"这句话听起来是爱孩子的话，但不一定是成就孩子的话。如果孩子很听话，孩子相信了，长大了也完全执行，结果可能是孩子走到哪里都处于防卫状态，一生都培养不起信任的能力，失去很多机会。其实"所有的朋友都是由陌生人变来的"，"你在分辨少数坏人的时候，更要珍惜身边大多数的好人"，这才是成就孩子的话。

成就别人的话，是站在别人的立场来读别人的需要、动机和界限。当对方的需要和感受被看到，他就会感受到温暖、被理解，内心就会产生力量。

比如，很多人在安慰失恋的朋友时，很可能会这样说："这样对你没什么好处，你何必要用对方的错误来惩罚自己呢？你再难过他也不会回来，放弃算了，对自己好一点吧！"——很明显这是宽慰别人、爱别人的话。但是朋友听到这样的话，心里其实还是会很难受。

如果你换一种表达方式："我感受到你现在很难过，面对这样的事情真的不容易。你有什么想说的可以说出来，也许会舒服一些，好不好？"——这才是站在对方角度，真正成就别人的语言。对方听到这样的话，会感受到自己是被理解和被支持的，因此也会更有力量走出悲伤。

有些话，看起来是在爱别人、宽慰别人，实际上是在证明自己的好，这样的话是没有意义的，亲和力和感染力也会消失。

一个人只有真正懂得语言思维的规律，站在对方的立场来思考和表达，才能说出成就对方的话。

回应时，先融入再带出

沟通中，当你要回应对方时，要懂得先融入再带出。

我们常常听到夫妻俩这样吵架，老公说："你胡说，明明不是这样的，明明是那样的……你怎么不讲道理呢？"

老婆当仁不让："你才胡说，明明不是这样的……你简直不可理喻。"

两个人吵了半天，都是从各个角度、翻各种历史旧账来证明对方是错的。

其实吵架的时候，我们基本记不住讲了什么内容，只记住了一个感觉，就是他老是说"你错了"，我必须要证明"我没有错，你才错了"。所以，请你记住一个概念，经常说"你错了"的人，就是在找架吵，就是在抬杠。

想想，如果你能反其道行之，不再说"你错了"，而是说"你说得对"，会有什么效果呢？架就很难吵起来了。

"你说得对"就是第三种策略"先融入再带出"的关键！

其实"先融入再带出"是 NLP 学问里一个经典的语言技巧，具体指的是先认可对方，然后再把对方引入自己的角度，让对方也认可自己，从而沟通解决问题的方法。具体表达句式是：你说得对，从你的角度是那样的，我这样理解你看可以吗？

这个句式解决三个问题：首先是跟进对方的情绪感觉，让对方不至于马上反抗；其次是跟进对方的表达角度；最后是跟进认可对方的正面动机。

一位年轻的班主任，对班里几个调皮的学生总是很头疼，她总是这样说："小名，你这样想是不对的！"她只要这样说，小名马上就不服气地跟她争论，最后自己生气，学生也没教育好。

自从这位班主任学习了"先融入再带出"的技巧后，找学生谈话时，她每次都让学生先表达一下，然后就认真地对学生说："小名呀，你说得对，在你的角度是那样的，那老师这样理解你看可以吗？"她自从用了这个句式后，学生永远会说："老师，那你说说看。"

以前学生总是"我就这样，爱咋地就咋地"，现在是"那你说说看"，师生的沟通进入了正常的轨道。

这个沟通策略你还可以用在其他人身上，比如今天你聚精会神地在用手机听微课，边听边练习这个句式。你老公对你的学习不屑一顾，对你冷嘲热讽地说："看你这样子，又被哪位大师洗脑了，学了也没一点儿用处。"他讲这句话明显态度不好，如果你也生气地对他说："谁说没用，都怪你不负责，孩子才没教育好。"如果是这样的话，估计后面要大吵一架。

但是如果你听完老公的话，不但没生气，反而很真诚地对他说："老公，你说得对，在你的角度是那样的，我这样理解你看可以吗？"估计你老公会傻傻地愣住三秒钟，然后会说"那你说说看"。这样你们夫妻的沟通就进入了正常的轨道。

以后，你跟下属或领导沟通时也可以使用这个句式，用得越多，沟通越顺畅。

语言是思维的外壳，是你形成底层思维、构建心智的基础元素。好的语言能促使自己进步，也能成就他人。

> **核心要点**
>
> 教练语言法包含四个维度的方法：
>
> 第一，提出好问题。什么是好的提问？我不会直接给你答案，我会真诚地看着你，然后问你："你认为呢？"这就是促动式教练语言；
>
> 第二，采用一以贯之的正向词汇；
>
> 第三，坚持成就对方的原则，管理者要说成就对方的话；
>
> 第四，沟通时，尤其有冲突时，要先融入再带出。

逆向视角法：
任何事情都不是绝对的

我们总会听说："观念一变，奇迹出现。"这句话具体指的是，看问题的视角一变，奇迹就出现！关于这个观点，有一个经典的经营桥段：

一家时装店店员在吸烟时，不小心将一条高档裙子烧了一个小洞，这条裙子因此无人问津。按常规的做法，请一名高超的缝补工把洞补上就可以蒙混过关。但该店员没按常理出牌，而是打开了一个全新的视角，在小洞的周围又戳出了许多洞，并精心饰以金边，为其取名"凤尾裙"。不仅这条"凤尾裙"卖出了高价，而且消息一经传开，不少女士专门前来购买"凤尾裙"，生意异常红火。

逆向视角法的关键就是在问题的反面或侧面寻找解决办法，工作和生活中诸多问题，通过转变视角往往能获得意外的答案，起到化腐朽为神奇的效果。

逆向视角法虽然考验人的想象力，但也有一些常规的操作套路，这里给大家推荐四种方法：优劣势逆向的视角法、关键词逆向的视角法、人称视角的转换、心态视角的转换。

优劣势逆向的视角法

视角一变，劣势变优势。

开头那位店员将烧破了的裙子改造成"凤尾裙"，也是运用了优劣势逆向的视角。其实这样的转换在商业营销策划中最常见。

比如奶茶刚刚做出来可能不完全溶解、不均匀，口感不好，你常常看到服务员将奶茶倒过来摇几下再给顾客。一位懂得转换视角思考的商家，又出来"搞事情"了，他们直接将奶茶命名为"手摇奶茶"，把手摇当作卖点，让消费者参与进来，自己摇一摇，于是手摇奶茶大获成功。

另外，女士无跟袜的诞生与上面"凤尾裙"的转换有异曲同工之妙。因为袜跟容易破，一破就毁了一双袜子，商家转换视角思考，尝试制作"无跟袜"，产品一上市就受到了女士们的青睐，创造了非常好的商机。

在管理工作中，我们也要将下属的劣势转化成工作的优势。比如，一名员工冲动、急性子，本来这是一个劣势，我们懂得逆向视角法之后，可以将这个劣势转化成优势。冲动换一个视角看，就是"一有想法就开干"，也就是执行力强的意思。这名员工可以担当一些需要冲锋的角色；相反，如果一名慢性子的员工，做事慢而稳妥，那就比较适合在重大决策时担当现实的批判者角色，支持团队更加现实地考虑问题。

关键词逆向的视角法

什么是"关键词逆向的视角"？就是要找到问题或目标的关键词，针对关键词进行反向提问。

比如说，如果你问一个实习生"你喜欢什么样的工作岗位"，她不一定能很清晰地回答你。如果这个实习生懂得"关键词逆向的视角"，她可以问自己"我不喜欢什么样的工作"。这样，她很可能会讲出一二三四。

在这个思考的过程中,她就会慢慢地明确自己的偏好和底线。这里进行针对提问的关键词就是喜欢,反向就是"不喜欢"或"讨厌"。

"关键词逆向的视角"的集大成者,是巴菲特的超级搭档查理·芒格,他被称为当今最有智慧的亿万富翁,他是一个逆向思维的超级拥趸,当大多数企业家都在追捧成功学时,他反其道行之,研究失败学,查理·芒格有一句格言:"如果我知道自己会在哪里死去,我就永远都不去那儿。"

那么工作中该怎么运用关键词逆向的视角法呢?在进行项目计划的时候,很多人都会问一个问题"我怎么做才能成功",如果这时你犹豫不决,心里没底,又希望提高项目的可控性,不妨想想什么会导致失败。如果你想到了三种导致失败的情况,那接下来避免这三种情况的发生,就会提升成功的概率。

人称视角的转换

人称视角的转换关键是从"我视角"转换到"他视角"。我们每个人都来自不同的环境,在不同的环境影响下,每个人的思想、立场和看待事物的出发点,都会有所不同。于是我们都习惯站在"我视角",而不习惯站在"他视角"去考虑问题。

比如,我曾经在中山大学一个快递点拿快递时,看到广告牌上面写着六个大字"中山大学分部",右下角有四个非常小的字"圆通快递"。

从快递公司的自我视角来看,这是非常合理的。对快递公司的工作人员来说,各个快递点之间主要的差异是"中山大学分部""广州大学分部""暨南大学分部",所以理所当然地被放在了最显著的位置。但对拿快递的我们来说,"中山大学分部"这个信息没有任何意义。拿快递的人首先希望看到的是"圆通快递"四个字。

圆通快递的这个做法,就是典型的"我视角"。

再看一个有意思的例子：

一个人请一个盲人朋友吃饭，吃完饭已经很晚了，盲人说："时间不早了，我要回去了。"

主人就给他点了一个灯笼，他很生气："我本来就看不见，你还给我灯笼，这不是嘲笑我吗？"

主人说："我给你点灯笼是因为我在乎你，虽然你看不见，但是别人看得见，这样你走在黑夜里就不怕被别人撞到了！"盲人听完这番话非常感动！

人称视角的转换实际上就是换位思考，谁懂得换位思考，谁就能打动对面的人！

作为企业经营管理顾问，我还想告诉你的是，在商业视角，把"我视角"转换到"他视角"，就是建立客户思维，设身处地地为客户排忧解难。在阿里巴巴20周年庆典上，人力资源总监公布了六条企业价值观，其中第一条就是"客户第一，员工第二，股东第三"。马云认为，阿里巴巴作为一个平台，必须首先服务好客户，只有持续为客户创造价值，员工才能成长，股东才能获得长远利益，这就是阿里巴巴的"他视角"基因。

心态视角的转换

心态视角的转换，关键是从悲观转换到乐观的视角。

以前有一位老奶奶，她有两个女儿，都在做生意，大女儿卖伞，小女儿卖遮阳帽。但很奇怪的是，老奶奶每一天都在唉声叹气。有人就问老奶奶怎么整天都在发愁。老奶奶就回答说，晴天的时候，自己担心大女儿的伞卖不出去；而雨天的时候，自己又担心小女儿的遮阳帽卖不出去。

这时，有人就提醒老奶奶，说她应该换一个视角来想这件事，就不会发愁了。比如说晴天的时候，就多想想小女儿的生意，她的遮阳帽肯定可以卖得很好；在雨天的时候，就多想想大女儿的生意，因为下雨天她的雨伞肯定很畅销。

老奶奶一想，确实是这么个道理，慢慢就变得开心起来了。

从悲观转换到乐观的视角，是视角转换里最能直接产生效果的一个方法。马云在一次公开演讲中说："悲观和乐观根本不是同一维度上的东西。悲观者看上去显得正确，乐观者往往走向成功。"

确实，世界有其美的一面，也有其丑的一面，我们要做一个现实的乐观主义者，能从危机里看到机会，从问题里看到希望。放眼当今，不管是流行的积极心理学，还是乐观主义哲学，都在强调乐观的重要性。这也是一个人走向成功的必备品质。

希望每位管理者不仅能养成正向思考的习惯，还能把乐观的品质升级为人生的重要品质和战略性资产。

任何事情都不是绝对的，就看你怎么去对待它。转换一个视角看问题，常能海阔天空。

核心要点

逆向视角法指引你在问题的反面或侧面寻找解决办法，我主要推荐了四种比较常规的方法：

第一，优劣势逆向的视角法，把劣势转变为优势，把挫折变成"存折"；

第二，关键词逆向的视角法，用否定式的排除法寻找正确答案；

第三，人称视角的转换，从"我视角"转换到"他视角"，学会换位思考；

第四，心态视角的转换，从悲观转换到乐观的视角，把乐观变成人生的底色。

复盘思考法：
精明的管理者敢于自揭伤疤

"复盘"这个词，最早来源于棋类术语，意思是说，下完一盘棋后，通过重新复演这盘棋，看看对局中双方的优劣和得失，想想有哪些方面可以改进。这个方法被认为是围棋选手增长棋力最重要的方法。这也在一定程度上决定了棋手们的训练方法：下棋，然后复盘，剩下的，就是日复一日，年复一年的经验累积。

从经营管理的角度看，复盘就是从过去的工作中学习，通过吸取教训、总结经验，来掌握规律和方法，最终达到提升能力和绩效的目标。

遗憾的是，很多人没有复盘的意识，在一个地方跌倒了，很快会在同一个地方再次跌倒，为同一问题重复交"学费"。比如，很多的创业者懵懵懂懂开始了第一次创业，很快就失败了，这也很正常。但他们不服输，第二次、第三次，屡战屡败，屡败屡战，就是不知道问题出在哪儿，不知道失败的根本原因是什么。

我想对这些创业者以及管理者说的是：经历本身没有价值，经验才有价值，经验来自对经历的复盘。复盘才能吃一堑，长一智；好的复盘更能让你吃一堑，长三智。

具体要如何复盘，才能有效积累经验，并将其转化成能力呢？想要有效复盘，你只需要抓住两个关键点。

第一个关键点：抓根本原因

真正的复盘，需要你保持开放的心态，对内外部的环境、策略和具体执行的过程进行细细反思和分析，来找到成败背后的关键因素与根本原因。

如何抓住问题的根本原因呢？你要有打破砂锅问到底的精神。

比如丰田汽车的社长在巡视一个工厂的车间，突然发现有台机器停止运转了，于是叫来维修工人。工人捣鼓了一会儿，更换了一根保险丝，机器就恢复运行了。但这位社长并没有立即离开，而是站在机器旁，和这位维修工人聊了起来。

社长问："为什么机器会停了？"

工人说："因为机器负荷超载，导致保险丝烧断了。"

社长接着问："哦，那为什么机器会负荷超载了呢？"

工人接着答："因为机器轴承的润滑不足。"

社长继续问："那为什么轴承的润滑会不足呢？"

工人答："因为机器的润滑泵失灵了。"

社长接着再问："为什么润滑泵会失灵呢？"

工人说："因为润滑泵的轮轴磨损了，润滑油吸不上来。"

最后，社长问了第五个问题："为什么润滑泵的轮轴会磨损呢？"

这时，工人检查了一下，说："因为机器的上半部分掉了很多杂质下来，导致磨损严重。"

最后的解决方法非常简单，工人在机器中加装一个滤网，每年定期清理一次，问题就彻底解决了。

按照一般人的思维，保险丝烧断了，换一根就好了，而丰田社长选择打破砂锅问到底，通过连续问出"五个为什么"，追根溯源，找出问题的根本原因，从源头上把问题解决了。这就是"抓住根本原因"。

在提问时，需要注意两点。

第一，提问时要针对"现场""现物""现实"（"三现主义"）来分析，要避免追究面向人的心理方面的原因，否则会进入死胡同。

第二，注意语气和态度。提问不是质问，而是询问。复盘时，如果让别人感觉你是在质问，会觉得你在刁难，不仅达不到复盘的效果，还很不利于工作的展开。

抓根本原因，其实就是不断"向前追问为什么"的过程，建立一个通向根本原因的关系链。沿着"为什么这样，为什么这样"的因果路径，逐一提问，先问第一个"为什么"，获得答案后，再问为何会发生，以此类推，挖掘出问题的真正原因。直到处理这一原因之后，问题不会复发为止。

第二个关键点：深入复盘

复盘思考要深入，具体把握两个原则和四个流程。

两个原则很简单，但不容易做到。第一，是要敢于自揭伤疤，要能血淋淋地"解剖"自己。记住："解剖"时，你有多痛，"解剖"后，你就有多大的成长。第二，抛开面子，不给自己留任何情面，一切用事实和结果说话。在我看来，不针对结果的复盘，都是隔靴搔痒。

正如联想集团的创始人柳传志先生所说："复盘很重要。想想做成一件事，有哪些是偶然因素，别以为是自己的本事。尤其是失败后，要血淋淋地'解剖'自己，不留任何情面地总结自己的不足。这样，你的能力自然会不断提高。"

作为企业经营管理顾问，复盘是我的长项，也是我帮助客户解决经营问题最重要的方法。很多时候，我连做梦都在复盘，有时候甚至会从梦中惊醒。或许，这也是一种深入复盘的体现。我独特的复盘方式，包括以下四个"流"：

第一，时间流。时间流是要求把复盘周期内的时间分解为季度、月度和每周进行，周期较短的项目甚至需要按照每天、每小时进行回顾；

第二，事件流。参考记录的工作日志把工作内容填进时间流形成具体的事件流，需要仔细回顾整个过程，包括细节；

第三，目标流。把为复盘周期内制定的目标及其分解情况，与工作结果的数据进行一一对比，从而形成目标流，看看是否达成了目标，如果没有达成，还差多少，要具体客观；

第四，策略流。策略流就是在整个复盘过程中，曾经采取过哪些整体性的大策略，产生突发问题时采用了哪些临时对策，对策有没有实效性，如果再次发生，你将会采取什么对策，可能会有哪些结果等。这是最关键的一步。

深入复盘要严格按照这四个"流"像电影回放一样，一帧一帧高像素地"解剖"整个事件的各种情况，通过这样深入的复盘，得出了科学的历史数据和有价值的策略集，最终才能让你把经历变成经验。

我建议大家把所提炼出来的经验变成处理事情的方法或标准，以文字的形式记录，在公司内部进行公布分享，避免以后做事出现同样的错误。

> **核心要点**

复盘思考法包括两个关键点：

第一，抓根本原因，通过用"为什么"提问，建立一个通向根本原因的关系链，不断向前追溯，直到找到根本原因，从根源上解决问题；

第二，深入复盘，你要敢于自揭伤疤，抛开面子，注重结果。复盘有四个"流"：时间流、事件流、目标流和策略流。

小 结

思考的深度决定着管理的效率。归纳起来，主要包含两个方面的方法：一方面是聚焦某个思维支点进行深入思考，另一方面是侧重思考技巧的方法。

聚焦某个思维支点进行深入思考，通常是需求、价值、身份、时间、语言五个思维的支点，形成对应的五个方法论。

三层需求法——"需求"是管理者思考问题的第一着力点，因为一切问题都是需求的问题，所有员工或客户的愤怒和不满背后，都有未被满足的需求。只有抓住核心需求，才能根除问题。

价值导向法——通过价值排序找到事情中最重要的价值点；通过"价值塑造"放大事情的意义，提升行动的动力；通过"价值转移"跟上事情变化的节奏，找到当下最能推动事物前进的价值点。

身份赋能法——有足够的身份感才能做好管理，因为只有身份感足够才能赋予自己在工作中的每个角色以能量。同时，管理者还需要通过自己的身份感的提升来赋能团队。

多维时间法——任何奇迹的创造，都是厚积薄发的结果，需要通过长时间持续的积累。高效管理者都必须懂得放大自己时间的价值，并学会用时间放大事业的价值。

教练语言法——语言是思维的外壳，是形成底层思维、构建心智的基础元素。好的语言能促使自己进步，也能成就他人，教练式的语言就是管理者成就员工的好工具。

侧重思考技巧的思考方法，包含正向思考法、动态思考法、逆向视角思考法和复盘思考法。

正向思考法——首先要打破思维里先入为主的偏见，用空杯心态接收最客观的信息；其次要破除情绪的偏见，不被负面情绪绑架；最后要回归当下，不对抗过去、不担忧未来。

动态思考法——管理者要有主动拥抱变化的心态，要有与时俱进的心态，才能灵活地应对各种变化；更重要的是，要时刻觉察和预测到外界变化，提前做出反应。

逆向视角法——视角一变，奇迹出现；有时候反过来看问题，往往收获意想不到的成果。管理者需要掌握这四种逆向视角的方法：优劣势逆向的视角法、关键词逆向的视角法、人称视角的转换、心态视角的转换。

复盘思考法——复盘不是工作总结，而是严格按照时间流、事件流、目标流和策略流四个流程来一帧一帧高像素地"解剖"一件重要的事情，把经历总结成经验，把经验转变成方法。

如果你还想进一步学习深度思考的方法论，扫描二维码，可以获取"瀚霆研习会·复盘与推演密训会"的内部培训资料——《复盘与推演：如何让战略目标落地》PDF 文档。

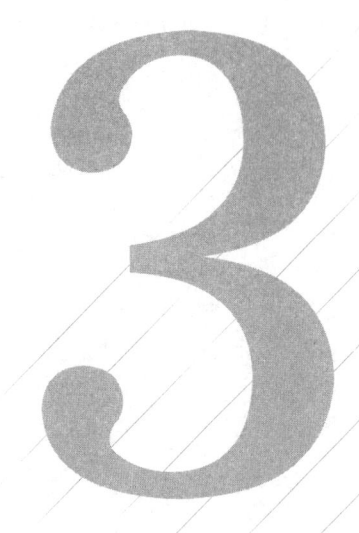

第三章

精准决策：
正确的选择让团队事半功倍

推演决策法：
有效的推演比执行重要 100 倍

很多管理者在做决策时，喜欢"拍脑袋"，尤其一些中小微企业的管理者，在定年度目标时，纯粹靠勇气。比如，今年的增长是 10%，那明年呢？很多管理者往往一拍脑袋，说：那就定个 20% 吧！

但是这个决定真的靠谱吗？经过推演了吗？考虑各种因素了吗？根据我的经验，九成以上都没有。或许，你早就听过这句话：不要用战术上的勤奋，掩盖战略上的懒惰。但这些习惯拍脑袋做决策的管理者，其实都是战略上的懒惰分子。

在做企业顾问服务时，我就经常和客户说，作为管理者，你一定要有推演的习惯，因为推演是决策的关键；有效的推演，要比高效的执行重要 100 倍！

推演决策的来龙去脉

推演，最早来源于军事行动，主要是在正式开战前通过模拟系统，进行仿真的模拟练习，你可以理解为战争前的"彩排"。在"彩排"过程中，你可以提前了解到哪个环节有问题，哪个环节需要调整，这样，在真正开战时，你就能对目标一击即中！

很多时候，商场上的智慧都来自于战场。兵棋推演，就是企业运营管理推演的祖师爷。

概括来说，推演就是在事情发生前进行推算、预演，对各种不同的可能性进行审视和设计，进而反推回来，改善决策质量和执行效率。

这个概念听起来有些复杂，拆解一下主要包含两个意思：

第一，推演的作用就是改善决策质量和提升执行效率；

第二，推演的方法就是进行事前推算和预演。

接下来，我将从如何改善决策质量、如何提升执行效率两个角度来讲述具体的推演方法。

推演如何改善决策质量

任何事情的决策，都是由两种因素驱动的，一个是理性逻辑，另一个是感性情绪。但有趣的是，虽然明知道理性逻辑能提高决策的正确率，可90%的人都是在感性情绪的驱动下做出决定的。

就像之前提到的，很多中小微企业管理都是靠"拍脑袋"进行决策的，这些靠勇气决策的管理者，也是这90%的人里的一部分。

推演就是帮你在感性决策的基础上，增加理性决策。怎么做呢？先分享一个经典的推演案例。

有个美国人拥有一大块地，但这块地距离市中心有30多千米，而且周围荒无人烟。他觉得，这种没价值的地皮不如低价卖掉算了，还能换笔钱，于是就把地皮挂出去。

令他惊奇的是，不到半个月，居然有人买了。他很好奇，这么偏僻的地，为什么这么快就有人接手？原来，买地的人在决定购买前，做了一系列的思考调研和自我问答，这个人判断：这块地皮，只要合理运用，就会有很大的升值空间。

买地的人是这样做的。

首先，他问自己：这块地皮值这个价格吗？按常规来看，不值。

接着，他再问自己：那有没有办法，令这块地皮升值呢？

一般来说，最值钱的地都是商场，要不，在这里建个商场？

可是，这周围荒无人烟，即使有商场，也没人逛呀！

那怎么才能有人呢？能不能建所大学？学生一多，人气就起来了。

可是，建大学需要很多钱，自己根本没这么多资金，怎么办？

他没放弃，甚至他还开了个脑洞：能不能让政府帮忙建大学呢？

通过调研，他了解到，那两年政府对高等教育的投入有利好政策。如果自己愿意把地皮的2/3捐给政府，让政府在这块地上兴建大学，政府肯定会同意的！毕竟，这是帮助政府彰显政绩的好事。

想到这里，他就笃定地做了购买这块地的决定。

没过多久，一所规模宏伟的大学就出现了。这块地的主人呢，用剩下1/3的地，建了公寓、餐厅、商场、影院等，围绕着这所大学，打造出商业一条街，很快就赚得盆满钵满，还用赚来的钱继续在这附近投资，并获得了高额的回报。

再来分析一下这个案例，这个买家，他非常清楚这块地皮的现状是不算值钱的，但他通过运用"推演"这副能预见未来的望远镜，不断思考追问：如果我买了这块地皮，能让它变得值钱吗？如果要让地皮升值，还需要什么条件……

这样，通过一层层推演，从建商场推到办大学，再推到说服政府，最后推到打造商业街，让他从这块不被看好的廉价地皮，预见到一幅学术与商业结合的繁荣景象，让他有信心和底气迅速拍板购买，并按照推演的结果，一步步实现这幅蓝图。

这就是推演心智的神奇之处。

所以，一个善于推演的人永远不会局限在当前的思维或感受之中。他会经常问自己这样的问题:"如果我这样做,那结果又会怎样?"

这位买地皮的美国商人,就是通过不断追问自己"如果我这样做,那结果又会怎样",完成了理性的推演过程,从而获得了巨大的财富。

推演如何提升执行效率

推演不仅是管理决策时使用的思维方式,也是决策后执行管理常用的思维工具。

怎么进行执行推演呢?

就是在方案执行前,进行模拟思考,对各种可能性进行审视,在推演中发现问题,改善执行,就像高考前要设置多次模拟考试,春晚要进行多轮彩排一样。

2009年,阿里巴巴开始打造"双11"购物狂欢节。接下来2010、2011、2012年,我服务的电商客户,都占据着销售top 10的半壁江山。在辅导的过程中,提前推演就是我的制胜法宝。

其中有一个细节,那时的直通车位和钻石展位,就是淘宝网上最重要的广告位,因为最能给店铺带来人流。但很多商家都只按照淘宝官方的要求,把商品促销信息的图片做好、放上去就完了。

这时,我和客户说,我们要多做一件事:每张广告图必须推演一下上线后会遇到的情况,然后提前准备好应对方案。

比如,如果和周边的广告图撞色,就是碰上颜色相似的情况,我们怎么应对?要换成什么颜色才能更抓眼球?

又比如,如果我们广告图的点击量不足,要怎么处理,才能更好地抓住狂欢节这个巨大流量节点……

通过不断推演,我们预备了多个方案:比如,广告图我们准备了4到6个方案,方便灵活替换,还提前做好异业联盟和申请购买流量预算,来应对点击量不足的状况。

提前推演，及时调整，周全准备，灵活应对，执行时自然就高效，收获好业绩就是必然的事了。

推演决策法有两个方面的好处。

一方面，用推演改善决策的质量：为感性决策增加理性，变"拍脑袋"决策为逻辑推理决策；另一方面，用推演提高执行的效率，事前进行模拟推演，在推演中发现问题，改善执行过程。

不管是决策推演，还是执行管理推演，一定记得，不断反问自己："如果我这样做，那结果会怎样呢？"

作为一位优秀的管理者，一定要拥有推演习惯和思维！不要用"拍脑袋"的勤奋，掩盖推演上的懒惰。有效的推演才是决策的关键，它决定着执行的效度，比执行重要 100 倍！

> **核心要点**
>
> 在执行前做推演时，我们需要注意两点：
>
> 第一，以期望的结果为基准，倒推事情的执行流程，明确需要把控的关键节点；
>
> 第二，针对关键流程，不断反问自己："如果我这样做，那结果会怎样呢？"
>
> 还必须跟你再强调一遍，"如果我这样做，那结果会怎样呢？"这个反问是执行推演的关键。

绿灯思维法：
放下对反对意见的习惯性防卫

在管理和决策工作当中，或多或少都会碰到这样一种情况：

当你提出一个得意的观点时，如果这时有人跳出来，提出了不同意见，对你进行驳斥，你心里的第一反应基本上是，"这个人是不是来挑战我的？我得想办法反击他的观点，否则多没面子啊"。于是，双方就陷入对立甚至争吵的局面，完全不在乎对方观点的合理性，只是一味地维护自己的"脸面"，维护自己观点的"正确性"。

这是非常可怕的一种思维，却是人的一种本能，心理学上把它叫作习惯性防卫，也叫作红灯思维。这种思维之下，不能接纳不同，只相信自己的判断。当有人和自身的观点不一致时，红灯思维的人第一反应就会认为：别人是错的，我是对的。从而造成决策的盲区。

当然，既然有封闭的红灯思维，肯定也有开放的绿灯思维，这就是我接下来要和大家分享的内容：什么是绿灯思维，以及如何通过绿灯思维保持开放，做出明智决策。

从封闭走向开放

红灯思维是封闭的，不能接纳不同的声音；而绿灯思维恰恰相反，它是一种完全开放的心态，能够接纳不同，拥抱多元。最明显的一个表现就是：当有不一样的观点出现的时候，绿灯思维的第一反应是："哇，这个想法太赞了，这对我会不会有一些帮助或启发呢？"

假设有两个老板供你选择。

第一个老板在你每次说出新想法、提出新方案时，他都说这样做不行，要么是成本太高了，要么是效果不好，总之他有无数的理由反驳你的想法，从而显示自己的"老资格"和"经验丰富"。

第二个老板则不同，每次你提出一些意见，他都会说"这点子不错啊""这个方面我确实没有考虑到""你说得有道理"，然后给你一个大大的赞扬，顺便给你提示一些你忽略的关键点。

如果是你，你会选择哪个老板，你会愿意为谁工作呢？我想答案很明显，肯定都会选第二个。因为第二个老板的思维就是属于开放的绿灯思维，愿意接纳新想法，能够倾听不同的声音。

绿灯思维的人有一个共性，就是渴望改变和进步，这种信念根植于他们内心。正因为如此，他们才能保持开放的心态，敢于承认自身的局限性，听到不同声音时的第一反应不是急于反驳，而是想想有什么可取之处。

这样就不会过早地拒绝大部分信息，还能激励其他人不断提出新想法，激发团队创造力。你可以想象，这样的领导者打造出来的团队，肯定是一支创新力极强的团队。

乔布斯曾经说过一句很著名的话："我特别喜欢和聪明人在一起工作，因为最大的好处就是不用考虑他们的尊严。"不是说聪明人没有尊严，而是聪明人知道，尊严不是在别人驳斥自己时去维护面子，真正的尊严是发现改进和成长的机会，抓住它成为更好的自己。

绿灯思维总结起来就是一句话，不要活在自己的小世界里，而是打开心扉听听外面的声音。

绿灯思维拓宽你的经营管理能力

当然，不仅是对于个人成长，在企业管理经营领域，绿灯思维同样非常重要。

必胜客母公司董事长在他的一本书里讲到，留意其他人使用过的有效方法，并加以改良实践，是帮助你和团队达成远大目标的一种最佳途径。确实如此，站在巨人的肩膀上，你肯定看得高、望得远！

必胜客餐厅就曾经借鉴过加州创意厨房的成功经验，针对不同口味偏好的顾客，推出了"热爱者"系列产品。比如"腊肠热爱者"披萨，其实就是普通披萨上面多一层意大利腊肠而已，没想到却成为必胜客史上最成功的新品。

听听外界的声音，看看成功者的经验往往是最快捷的创新方式。

除了做创意，另外一点很重要的是，绿灯思维能帮助你获得更高效的资讯和思维方式。

我创办的企业家高端社群"瀚霆研习会"，就是一个典型的绿灯思维社群。"瀚霆研习会"由近30位优秀的企业家组成，每年集中进行7次研习会，每次研习会的第一个环节，每个企业家都要针对近两个月自己公司遇到的问题做5分钟的工作报告，然后接受其他人的提问和建议，我也会从专业角度给出建议。

多位优秀的企业家聚在一起的几天，每个人都接收到了其他20多位企业家的建议和思路，信息量巨大，通过这些思想的交互，他们往往从中挖掘到对自己最有价值的部分，进而创造出巨大的商业价值。因此，绿灯思维的另一个好处就是：让别人帮你思考，你站在他们的肩膀上去进一步延伸。

再往大的维度看，绿灯思维会影响一个国家和民族的兴衰，有目共睹的是，中国从封闭走向开放的这40多年，取得了前所未有的进步，因此中国也还会坚定不移地走改革开放的道路!

绿灯思维建立的"三步曲"

绿灯思维如此有价值，那应该如何来建立自己的绿灯思维呢？只需要三个步骤。

第一步，觉察自己的红灯思维。

你必须要意识到，自己是不是有着强烈的红灯思维。怎么测试呢？很简单，你只要回顾一下和同事、朋友之间的对话，看看是否有对提出不同看法的朋友进行过驳斥，如果有，一般就是偏向于红灯思维，如果你基本上都是虚心接受，那么恭喜你，你肯定是一个偏向于绿灯思维的人。

需要注意的是，一定要选双方出现了冲突的对话，可能是因为工作上的某事，也可能是对生活中某个事件的讨论，比如在教育孩子的问题上。因为没有出现冲突的话，每个人都可以表现得很和善，什么观点都能接受，但那可能只是表象，其实在潜意识里仍然是抵触的。

当然，你也可以时不时检验一下自己大脑里的"自动弹幕"系统。比如你听某个课程的时候，你可能会产生一些想法："这些我都懂，没意思""原来思维的深度就这么简单""能不能来点更高深的"……这些都是红灯思维，当你处于这种状态时，你就很难接收到新的观点和建议。

第二步，要学会区分"我"和"我的观点或行为"的不同。

一般情况下，我们会把二者混为一谈，你不同意我的观点就是在质疑我，你反对我的方案就是对我这个人的不满，等等。

比如，你开会迟到了，有人批评你，其实批评否定的是你这种迟到的行为，并不是批评否定你这个人。

大部分人并没有真正弄清楚"我"和"我的观点或行为"是两个独立的概念，完全是两码事。

当然，你的行为或者观点，也可以反映出你是什么样的人。很简单的道理，如果你每次开会都迟到，大家就会觉得你是一个不守时的人，这确实是对个人的部分否定。

但是，每个人都处于一个不断变化的过程中，我们发现问题，然后尝试改变，做更好的自己。别人给我们建议，这就是一个变好的机会。

如果别人给你意见，但"你的观点或者行为"依然一成不变，你的成长就无从谈起了，因为你把自己的防卫系统升级到了红灯思维，完完全全接受不了其他人的任何建议。

第三步，多考虑新观点的优势。

你认识到对方不是针对你这个人，而是针对你的观点或行为时，就可以来看看，对方的意见是不是有价值，是不是合理，有哪些是可以借鉴和参考的，从而让自己的观点得到进一步的完善。

子曰："三人行，必有我师焉。"每个人的想法都是基于自己的经历和见识，所以在面对同一件事情时，有不同的观点很正常，多听听他人的意见，你就能做出更准确的判断。

每个人都渴望变得优秀，想成长到更高的境界，随着获取知识的渠道增多以及信息越来越透明，人与人之间的差距渐渐缩小，往往也只是思维和心智的差距，我们或许无法一下子实现阶层大跨越，但我们可以通过绿灯思维让自己变得更加优秀，一步步走向卓越。一种正确的思维方式一旦建立，那么你的人生就有可能产生质变。

核心要点

想要拥有绿灯思维法需要做到以下几点：

第一，要意识到红灯思维是封闭的，绿灯思维是开放包容的；

第二，要认识到绿灯思维的价值：对个人是快速成长，对组织是创新和优化，对国家是进步和繁荣；

第三，要学会三步建立绿灯思维的方法。第一步，觉察到自己的红灯思维；第二步，区分"我"和"我的观点或行为"；第三步，多考虑新观点的优势。

简约决策法：
最重要的事只有一件

我发现一个非常有趣的现象：在饭店吃饭的时候，如果你一次跟服务员交代两件以上的事，基本上哪件事他都做不成。更明智的方式是一次只跟服务员提一个要求，这次是加餐具、下次是拿纸巾、下下次是收空盘，总之千万别试图考验他们的记忆力，每次只跟服务员提一个要求，等他解决了再提另一个。

我还发现一个更有意思的现象：那些在职场上能轻松自在的优秀员工或管理者，都有一个特点——他们会极致专注干好某一件事情，而这一件事让其他事变得更简单或者不再重要。

简约决策法就是强调在简单中提升竞争力，用简单对抗复杂，因为这是符合普通人大脑规律的，像刚刚讲的服务员，指令一多就乱，任务一繁杂就不知所措。在管理上，不仅要指令单一且明确，还不能进行多头管理，一旦有两个以上的领导对同一个团队下指令，这个团队就没有了战斗力。

另外有一件值得反思的事情，我们每天真正用来工作和学习的时间有多少？确定有10个小时吗？答案当然是否定的。通常情况下，我们对时间的掌控力是很弱的。一方面，外界会有源源不断的干扰来分散我们的时间和注意力，占用我们的心智带宽；另一方面，人脑天然缺乏自律能力，且不说刷朋友圈看微信、发邮件、浏览网页和新闻，有谁能够保证在认真工作的时候从头到尾保持100%心无旁骛？这个反思，让工作简约变得更有存在的意义。

那具体什么是简约决策法？就是减少自己手里那些不必要、与目标不匹配的事情来提高效率的一种方法。听上去很简单，但大部分人都做不到，因为做加法更符合人的天性和本能，而做减法需要花费很多时间和精力去努力理清思路，去思考自己解决的到底是什么问题，思考什么才是问题的关键。做减法是一个极其费脑并且伴有强大阻力的过程，大部分人不愿意做这样的事情。

难道有难度，我们就不做了吗？恰恰相反，正因为有难度，才更体现了简约更高的价值。因此管理者要迎难而上，找到简约的决策法，养成做减法的习惯，成为一个高效专注的人。

接下来，我将从两个维度帮助你找到做减法的着力点，让简约决策法落地。

第一个维度：简约工作

在一个人的管理工作生涯中，真正重要的事情只占到20%，而这20%的事情，决定了整体，决定了大盘，决定了走势。

前文提到过，擅长工作的员工，会专注于好一件最重要的事情，而这一件事会让其他事变得更简单。这件最重要的事情就是你人生的20%，并值得你用80%的精力和时间将这件事情做好。

这就像阿基米德说的："给我一个支点，我就能撬起整个地球。"你必须找到这样一个支点，让其他事变得更简单或者不再重要。做好了最重要的那件事之后，你会发现人生中要做的其他事，其实花很少的力气就可以做成。比如，写好小说的莫言、做好教育的俞敏洪、做好微信的张小龙、课程讲得精彩纷呈的李中莹老师……他们人生中的其他很多事情都变得简单、不费力气。我自己也是这方面的受益者，我因为专注做好了企业顾问这件最重要的事情，其他很多事情就变得简单、水到渠成！

那怎样才能找到人生最重要的支点呢？我推荐倒推法。首先要确定长期目标，然后一步步往回想，倒推出现在应该做的最重要的一件事。请你想一想：

- 为了长期目标，你未来三年应该做的最重要的一件事是什么？
- 为了三年目标，你未来两年应该做的最重要的一件事是什么？
- 为了两年目标，你今年应该做的最重要的一件事是什么？
- 为了今年的目标，你本月应该做的最重要的一件事是什么？
- 为了本月的目标，你今天应该做的最重要的一件事是什么？

然后把所有目标一个个联系起来，直到你找到当下最重要的那件事。

李恕权在成为歌手之前，唱歌只是他的业余爱好。一次，他的朋友问了他一个问题："五年之后，你希望自己在做什么，拥有怎样的生活？"

李恕权思考了一下，说五年后，想要发行一张很受欢迎的唱片，并得到很多人的肯定。

于是这位朋友建议李恕权按目标倒推：

如果第五年要有一张唱片在市面上发行，那么在第三年，最重要的事情就是和一家唱片公司签上合约。

想要和唱片公司签上合约，第二年最重要的事情就是要有一张完整的作品专辑，这样可以拿给各家唱片公司。

想要有一张完整的作品专辑，第一年最重要的事情就是要准备好最棒的10首作品，并且开始录音打磨。

想要在第一年准备好最棒的10首作品，最近的一个月，最重要的事情就是要把手里的曲子写完，然后开始练习，进行排练。

想要一个月把手里的曲子写完，今天最重要的事情，就是开始打磨第一支曲子。

通过一步步倒推，李恕权一下子确定了当天最重要的事情，思路瞬间就清晰了。

通过五年的时间心无旁骛地专注音乐这件事情后，李恕权的音乐果然火了，发行的唱片大卖，和他一起工作的人也都变成了业内顶尖的音乐高手。

通过倒推给人生做减法，找到人生中每个阶段最重要的那件事情，然后通过一点一滴的努力积累，这样到最后实现目标的可能性就很大。

第二个维度：简约学习

学习和工作是一脉相承的。相对工作和事业，学习更需要做减法。因为我一直认为学知识是做加法，参智慧是做减法；成长是做加法，成熟是做减法。

你我都知道，时间宝贵，一去不复返。注意力也是稀缺资源，我们所能专注学习的东西，比想象的要少得多。如果在学习这件事情上没有减法思维，让那些不重要的信息占据了大部分注意力资源，那你想要再聚焦于重要的学习上时，就容易出现精神无法集中、注意力资源余额不足的情况。最典型的表现是，绝大多数人拿起书本 20 分钟内就想打瞌睡。

另外，人对世界的认知，其中有 80%、90% 甚至 95% 都可能是不重要的。所有那些占比很大的信息和资讯并不能构成你的竞争力，真正决定你和别人区别的只有占比很小的那一部分。就像一把菜刀，决定这把刀的品质和价值的，是只占整把刀的很小一部分的刀锋！那如何用减法思维进行学习呢？我推荐运用功利学习法：只选择学习你要运用的知识。

学习一个新知识什么时候最有效率？脑科学家认为，成人学习有两个前提要求的时候效率最高，这两个前提分别是有目标导向、有即时反馈。简单来说，能解决当下的问题，能得到应用并能见到成果的学习，是最有效率的。

为什么在国内学个英语口语、听力12年都学不好，被丢到国外3个月就能交流了？因为在国外，交流是刚需，有地方练习，每时每刻都必须使用。这种时候效率肯定高，学得快是必然的。

相反，那些标题党的微信文章，比如"不看这篇文章，错过了一千万""从月入5000到年薪50万，两年内他用这四招获得蜕变"……这些基本是"空中楼阁"，凭空制造出一个"需要解决的问题"。回头思考一下，即使我们真的遇到了能获得1000万的方式，这是我们当前的水平吗？这是我们学了就能用的东西吗？我想都不是。

学习做减法的目的是聚焦，只有聚焦才会有深度。当你的学习能简单到极致，也是一种不简单。就像中国的卖油翁、庖丁解牛的庖丁以及日本的寿司之神小野二郎都是不简单的典范。

另外，生活上你也需要做减法。有些人，用买买买来化解各种不开心，用吃吃吃来抵消各种压力，用看剧刷抖音来打发时间。结果就是：家里堆满了买来却从没用过的东西，身体里堆满了无节制的饮食换来的脂肪，脑子里堆满了没价值的垃圾信息……渐渐地，觉得生活越过越累，越来越无力，每天好像都在被生活推着往前走。

这个时候，你也必须从做加法转变成做减法，学会断舍离，做一个简单的人。

> **核心要点**
>
> 简约决策法有两个维度的落地应用：
>
> 一方面，在工作上做减法，学习用倒推法，找到人生每个阶段最重要的事情；
>
> 另一方面，在学习上做减法，掌握功利学习法，以效果和目标做导向进行学习。

关系溯源法：
找到低效率背后的真正原因

在哲学家马丁·布伯看来，关系就是一切，关系就是一个人的命运。

我非常认同这个观点，并且将这一理念进行了拓展和深化。比如同事关系就是企业文化，客户关系就是企业绩效，师生关系就是教学质量，夫妻关系就是家庭风水，亲子关系就是学习动力……在我的关系思维里有一个"一生二，二生三，三生万物"的逻辑链条，我认为"一"就像马丁·布伯说的"关系就是一切"，关系就是一切的起点和内核；"二"就是"我和非我"的关系，以自己为中心形成无数的二元关系；"三"就是"世间一切的关系都是由人、事、物这三种元素形成的关系"，包括外界一切东西相互作用形成的关系。

我们每个人都生活在关系的世界里，世界上任何的人、事、物，都是某个关系系统中的构成元素。而关系溯源法就是洞悉这些元素之间的连接，并让他们得到有效的改善。

关系溯源法可以帮你改变你只重视单个元素的影响力，而忽略关系的习惯。在我们的生活与工作中，大多数时候都非常重视单个的元素，却忽略了更重要的连接关系。比如，在企业经营上，很多老板都重视产品、团队或渠道，却忽略了这些元素的有机连接；在管理问题上，有些管理者在解决问题时，总归因于某人的能力或素质问题，而忽视了关系层面的原因；在孩子教育上，父母总喜欢找名师，却忽视了师生关系和同学关系，忽视了孩子喜不喜欢这个老师；在婆媳关系上，如果产生矛盾，就会指责某一方做得不对，要对方改变，而忽视了彼此的关系……这些从单个元素角度解决问题的做法，都属于人的本能做法，只能暂时性地解决问题，难以彻底改变局面。

具体的人、事、物的关系需要我们自己来面对和解决，关系溯源法里有三种比较抽象的关系：因果关系、飞轮关系、滞后关系，这些关系可以帮助我们洞悉关系奥秘和影响力。

如何突破"头痛医头，脚痛医脚"

很多人都喜欢说"我只看结果"——目标任务布置下去了，如果没达成，要么惩罚，要么换人；孩子没完成作业，就严厉批评；两个孩子吵架，就都罚站半小时；下午总是精神疲惫，就喝咖啡……这些都是"头痛医头，脚痛医脚"这种简单粗暴的做法，并不能起到长效作用。

你必须意识到每个关系系统中都有因果关系，有果必有因，只有找到病因，对症下药才能药到病除。要找到事情的真正原因并不容易，你需要破除一个误区、掌握一个方法。

要破除的误区是把表面的相关性当作因果关系。

我们都知道，喝咖啡可以让人精力提升。但喝咖啡和精力提升之间是真正的因果关系吗？其实不是。喝咖啡不会直接让人精力提升，只会增加体内的咖啡因含量，咖啡因含量增加，会促进新陈代谢，而新陈代谢，会把储存的能量和脂肪转化为精力。

所以，当知道新陈代谢才是精力提升的真正原因时，你就可以找到更好的办法来提升精力，比如用运动来提高新陈代谢水平，一个经常运动的人，肯定精力充沛得多，下午当大家昏昏沉沉地泡咖啡时，他仍然精力旺盛。

破除误区后，还要掌握找原因的方法，我们可以运用"5why分析法"来找原因，这个方法通过问5个"为什么"，来挖掘出问题的真正原因。为了方便理解，我给大家举一个工作场景中的例子。

今天，你的上司对你很不满，大发雷霆，你想去找原因。

首先，你可以问自己："今天上司为什么这么生气呢？"

"因为我的工作没有按时完成。"

接着问第二个为什么："工作没完成，是因为什么？"

"因为工作太多了。"

你可以继续问："为什么，同样的工作量，同岗位的别人能完成呢？"

"因为，我的效率没他们高。"

那你可以接着问第四个问题："那为什么我的效率低呢？"

"因为，没有掌握正确的工作方法。"

问到这里，你已经找出了问题的原因：因为不会某种工作方法，所以没办法按时完成工作，导致上司很不满。

我只问了4个"为什么"就停止了，其实"5why分析法"并不是要你一定问5个"为什么"。如果你找到了某个原因后，可以把问题解决，那就不必再往下问了；如果不能，就需要接着问，有可能会需要问八次、十次，甚至更多次。

当遇到表面相关的伪因果关系时，你也一定要多问一个"为什么"，就像刚刚提到的咖啡能提升精力的例子，你也要问问"咖啡为什么能提升精力"，这样你就可以找到"新陈代谢"这个真正的原因。

如何找到个人和企业发展的关系动力

什么是飞轮关系呢？就是关系系统里的几个关键元素，互相加强，形成一个飞快向前滚动的轮子，滚动的速度越来越快。

比如，邻居问我家孩子："你的英语成绩为什么那么好，有没有什么特别的方法？"孩子只说了五个字"因为我喜欢。"就出去玩了。

从系统思维的角度分析，这里面包含两个关键元素，第一是"喜欢英语"，第二是"英语成绩"，因为"喜欢英语"，所以会花更多的时间和精力学习英语，"英语成绩"就逐步提高了。反过来看，因为"英语成绩"的提高，会得到更多的关注和认可，于是就更加喜欢英语了。这两个元素互相促进，形成飞轮，英语成绩就越来越好了！

之前，我给大家提到过阿里巴巴的第一价值观就是"客户第一"。为什么阿里巴巴把客户放在第一位呢？和上面"喜欢英语"的例子是一样的，因为客户越多，卖家越多，卖家越多，客户就越多……一圈一圈循环加强，就形成了阿里电商的增长飞轮。

一个人、一家企业要想获得快速成长，就需要找到自己系统里的飞轮关系，然后坚持不懈地推动它，形成滚滚向前的飞轮，企业的成长速度就会越来越快！

相反，那些走下坡路的人，就是形成了一个负向的飞轮，这个时候要想办法切断这种系统连接，走出恶性循环！

找到最佳的决策时机

滞后连接关系是关系系统里关于时间维度的一个连接关系，从原因到结果，从飞轮的一个要素到另一个要素，中间会出现一个滞后效应。

比如，从教育孩子到产生成果，有的需要几个月，有的需要好几年甚至更长时间；从投资到回报，也可能需要漫长的等待；从种下葡萄种子到果实成熟，需要长时间的耕种和施肥……这些都是滞后连接关系。这个关系告诉我们，做任何事情都需要足够的耐心！

滞后连接关系还给我们一个重要的启示：学习借鉴成功者时，要先去掉滞后的这一段时间。

比如，我们应该如何学习腾讯和微信呢？很多人听完张小龙的演讲后，恍然大悟，"原来好的产品，是用完即走的！"回去后在运营部也贯彻这个理念，结果客户大量流失。这就是因为缺乏对滞后关系的理解。

因为存在滞后，在学习腾讯和微信时，一定要看5年前、10年前他们做了什么，而不是今天他们做了什么。张小龙之所以说"好的产品，用完即走"，是因为微信用户规模足够大，他只要考虑用户体验感，而不需要考虑用户黏性。这肯定是不能照搬硬套的。

学习阿里巴巴、海底捞时也一样，都必须去掉滞后的这一段时间，回到当初他们创业时是怎么做的，看他们是怎么一步步做成功的，而不是学习他们现在的做法。

在这里给大家分享一个小故事。

庙里有7个和尚，每天共喝一盆粥，粥每天都不够喝。一开始，他们每天轮流分粥，于是每个星期下来，他们只有一天是饱的，就是自己分粥的那一天。

后来他们开始推选出一个有权威的和尚出来分粥，但强权往往容易产生腐败，大家纷纷开始挖空心思去讨好、贿赂这个和尚，搞得整个寺庙乌烟瘴气。然后大家开始组成三人的分粥委员会及四人的评选委员会，一番扯皮下来，等粥吃到嘴里的时候全是凉的。

怎样才能解决这个复杂的关系问题呢？最后想出来一个方法：七人轮流分粥，但分粥的人要等其他人都分完后，拿剩下的最后一碗。为了不让自己吃到最少的，每人都尽量分得平均，就算不平均，也只能认了。自此之后，大家开始快快乐乐、和和气气地过日子。

这个故事里蕴含了什么样的关系奥秘呢？任何好的协调机制、竞争机制、管理制度、商业模式都有一个共同的特点：可以很好地解决各种关系问题，让彼此之间显得公平、公正。作为管理者，只要厘清所管理的人、事、物背后的各种关系，管理就会变得轻松、有条不紊。

> **核心要点**
>
> 关系溯源法的三种抽象关系：
>
> 第一种，因果关系，有果必有因，只有找到根本原因，才能彻底解决问题；
>
> 第二种，飞轮关系，学会打造企业和个人人生的飞轮，就能获得快速的发展；
>
> 第三种，滞后关系，向成功者学习时，一定要去掉滞后的这段时间，才不会落入陷阱。

独立思考法：
简单顺从不如批判思考

当老板正声情并茂、激情澎湃地讲话时，你发现有不对劲的地方，该怎么思考？当上司给你提意见，你不认同，这时又该怎么应对？当客户给你提了一大堆改进建议，你是全盘接受还是用批判性思维去应对呢？

很多中层管理者唯命是从，很听话，对老板的话一味地说"好、好、好！""没问题！""可以"，其实当你听到一个观点或接了一项任务之后，老板在交代给你的时候，他要的不是你简单地顺从，而是你独立批判性地进行思考，提出具有创造性的建议。

老板不仅需要你把事情做对，更需要你有分辨能力：用对的方法做对的事情。你把事情做对充其量是一个不错的执行者，做对的事情才是一个创造更大价值的思考者。

这里就牵涉到一个大多数职场人会忽略的思考方法：独立思考法。

不管是工作还是生活中，独立思考法都非常重要，比如你刷朋友圈看文章时，不自觉地被各种标题党吸引，这时你需要独立思考；当看到不寻常的社会现象时，你需要独立思考，而不是做个吃瓜群众……尤其在讨论时，出现了分歧，如果对方的理论占了上风，你需要独立思考找到对方思维的漏洞。

我们大多数人都会遇到类似的情况，但在现实中，我们大多数人都缺乏独立的批判思维。

独立思考是稀缺的能力

无法快速对接收到的信息进行真伪的甄别和判断，这是缺乏独立思考能力最直接的表现，这会让我们很容易被各种假逻辑说服，最后做出错误的回应或决定。

在我们的日常生活中有很多这样的情况。很多人都痛恨骗子向我们的父母行骗。骗子们常用的手法是"20年糖尿病让人痛不欲生，吃了这种药，两个月就可以彻底痊愈"。父母总是对这些深信不疑，任凭你怎么劝说都没用。但是你真以为自己就很理智吗？当骗子们把文章换个题目"惊天秘密！从月入4000到年薪30万，3年内他用这4招获得蜕变"时，很多自以为理智的年轻人士会迫不及待地点开文章，这时骗子的猎物就不是父母，而是这些年轻人了。其实对骗局我们并不比父辈们更有免疫力，只是他们更相信有关健康的谎言，而我们更相信如何致富的谎言。两类受骗者在本质上是相同的，都是缺乏批判性思维。

我们大多数年轻人的父母，都是在听话教育、应试教育中成长起来的，养成了全盘接受、听话照做的习惯，于是教育下一代时，也要求孩子"乖！听话"。但现代社会需要的不仅仅是听话的人才，更需要你在提出创造性建议、把事情执行到位的同时，更要有独立思考的能力，选择正确的事情，找到对的方法把事情做到位，从而为企业、为社会做出贡献。

那么要怎样才能快速提升独立思考能力呢？这里分享三个技巧，帮你快速掌握独立思考的方法，有效甄别遇到的观点和信息。

看出处：辨别信息的有效性

当你听到一些有道理的信息或者某个神奇的方法，正犹豫到底要不要采纳时，这时建议在心里亮起一盏红灯，暂停一分钟，判断一下信息或方法的有效性。你可以搜索一下信息的源头，看有没有科学的依据，因为辨别信息的有效性和真伪是任何行动的第一步，不然方向错了，越努力离目标越远。

我是做企业经营管理策划的，给大家分享一个我擅长领域的例子。

假如你做了一个软件，收集了一些用户的意见。很多热心用户给你提了各种意见，希望追加这个功能，追加那个功能，但你个人感觉这些意见不可取。这个时候就要判断信息是不是有效，就要去思考是不是需要找到更有效的信息。

这个时候，就需要你自己使用独立思考思维，因为给你提意见的这些人，可能都是使用你产品的活跃者，他们觉得你的产品还不错，或者说核心功能基本能满足他们，他们还愿意继续用下去，才会给你提意见。而那些真正觉得你的产品很烂的人，他们可能用了一次之后就把你的软件删掉了，他们的意见其实可能会更重要，但是因为"人走掉了"而无法开口，这样你可能永远错过了对产品更有价值的意见。

如果你具备独立思考能力，可能就会想办法主动找到他们，问问他们为什么删掉你的软件，也许他们会给你一个完全不一样的视角或者更有建设性的建议。

看背后：发现结论背后隐藏的内容

被隐藏的信息和结论背景信息，是人们常常会忽略的。而觉察那部分被隐藏的信息，就是批判性思维的基础能力。

在生活中就有很多这种现象，比如越来越多的人认为，喝红酒的人身体更健康。喝红酒和健康之间是直接的关系吗？不排除有一定的关联，但它们不是必然的关系，要不然红酒产地或红酒厂的工人都长命百岁了！

非洲的马赛部落是一夫多妻制的族群，这里的男人，可以娶上百个老婆。父亲去世后，长子甚至可以继承除了亲妈之外父亲所有的老婆。于是很多男人半开玩笑地说：想做马赛人。但是，这件事背后还有隐藏的信息，我们搜索一下就会发现：马赛男人有个特殊的成人礼仪式，要求独自杀死一头狮子。大部分马赛男人都被狮子吃了，能活下来的，可用三头牛换个老婆。当看到这个隐藏的信息后，那些人可能就不想去当马赛男人了。

我们今天看到的很多信息、很多新闻可能都没有爆出背景信息，所以在听到某个不可思议的观点或者新闻时，独立思考是非常有必要的。

看立场：理性分析表达者的观点立场

大多数人是"屁股决定脑袋"，坐在什么位置说什么话、在什么职位做什么事情。这都无可厚非，但作为一个批判性思考者，你一定要学会觉察表达者的立场。

比如一个挤公交车的人，没挤上去的时候，他对别人说："再挤一挤，我还能上去。"一旦挤上去，他就说："别挤啦，别挤啦，没空间啦。"这个人前后态度的转变正是因为立场的不同。

拼多多因为假货的问题，引发了一场网络口水战。其中，为拼多多辩解的一方，主要的核心观点是，中国有3亿多的贫困人口，他们买不起大牌，只能买拼多多上面的假货，所以应该感谢拼多多。听到这个说法，你是支持，还是反对？这就要看你是不是站在上面的立场来看这个问题。作为一个独立的思考者，你需要跳出口水战，站在客观的角度看待这个问题：首先，支持假货肯定不对；其次，买不起大牌，可以去买其他品牌，而不是买假货。还有拼多多市值比百度还高，怎么可能只靠假货就撑得起这么高的市值呢？到底是谁在批评拼多多呢？

另外，学习独立思考法的过程中，你还要把握好度，不能为批评而批评，不要钻牛角尖。我们得记住，效果比道理更重要。除了上面说到的三个技巧之外，批判时你还需要把握这三点原则：怀疑，但不否定一切；分析，但不吹毛求疵；决断，但不顽固不化。

> **核心要点**
>
> 提升独立思考能力、有效甄别信息真伪的三个方法：
>
> 第一，看信息出处，辨别信息的有效性；
>
> 第二，看观点背后，觉察结论的背景和隐藏的信息；
>
> 第三，看立场，看表达者的立场和利益的相关性。

小 结

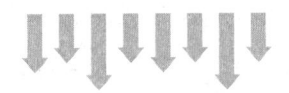

做决策就是做选择，决策力就是做选择的能力。相对于生活中做选择的能力，管理者更需要的是精准决策的能力，本章"精准决策的方法论"主要讲述了五个做决策的方法。

推演决策法——推演是一个优化决策的过程，方法的关键是不断反问"如果我这样做，那结果会怎样？如果不这么做，结果又会怎样？"。在反问的过程中不断发现问题和解决问题，同时盘点策略进行资源整合，从而优化决策，相当于站到未来的角度审视决策的优劣。

关系塑源法——洞悉关系扫清决策盲点，我们提到了三种抽象关系：因果关系，只有找到根本原因，才能彻底解决问题；飞轮关系，学会打造企业和个人的增长飞轮；滞后关系，向成功者学习时，一定要去掉滞后的这段时间，才不会落入陷阱。

绿灯思维法——保持开放的心态，接纳不同的观点和资讯，敢于承认自身的局限性，方法包含三个步骤：第一步，觉察到自己的封闭性思维；第二步，区分人与观点，理性看待他人反驳；第三步，从不同的新观点中获得灵感。

简约决策法——抓住事物的主要矛盾才能精准决策，因此在决策中要用简单对抗复杂，用减法代替加法，只有简约才能不简单。管理者需要铭记：学知识是做加法，参智慧是做减法；成长是做加法，成熟是做减法。

独立思考法——独立思考的目的是为了有效地甄别信息的真伪，做出正确的决策，有三个参考方法：学会看信息出处，辨别信息的有效性；觉察结论的背景和隐藏的信息；看表达者的立场和利益的相关性。

这五个方法不仅是决策的工具，也是管理者决策过程中的基本原则，所以在复杂的决策中需要将这五个方法综合起来运用，才能做出优质的决策。

如果你还想进一步学习精准决策的方法论，扫描二维码，可以获取"瀚霆研习会·高效执行密训会"的内部培训资料——《高效工作的仪表盘》PDF文档。

第四章

高效行动：
让好方法变成信手拈来的习惯

PDCA 循环法：
及时调整目标，缩短现实与计划之间的差距

很多人有过这种经历：兴奋地制订了某项计划后，开始埋头苦干，有条不紊地做好各种事项，可一段时间后，发现既没有成果，也没有进步，最终决定放弃，然后再制订新的目标计划。

这种"计划—实施—发现无效—选择放弃—开始下一个计划"的循环现象，就是我们常说的"低水平的勤奋陷阱"。

对于计划，很多时候，我们只重视制订和执行，忽略、甚至丢掉了"检查"和"调整"。其实，被忽视的往往都具有决定性作用。

PDCA 工作法，就是让你制订的计划，不仅能产出成果，还能告别勤奋陷阱，提升工作效能和职场竞争力。

PDCA 工作法，最先由美国管理专家休哈特博士提出，后来经过戴明等一批管理顾问的改造，形成了 4 个操作步骤，分别是 P——计划、D——执行、C——检查、A——调整。

从我的管理顾问经验出发，对"PDCA 工作法"进行了本土化的改造延伸：P——把目标任务化；D——把任务流程化；C——把监督常规化；A——让循环灵活化。

第一步：把目标任务化

这一步的关键，不只是确定要达成的目标，而是把目标转化成任务。确定目标不难，把目标转化成任务不容易。这一步和前面第二章的目标拆解法有共通之处。如果说目标拆解法的关键是将目标转化成任务和工作流程，那么 PDCA 工作法的关键是把监督常规化、让循环灵活化，尤其是最后一步"让循环灵活化"。

首先回顾前面讲过的一个例子。

新上任的市场总监接到公司的目标：今年要在本区发展 150～200 个新代理。

经过思考，他把今年的目标定为开发 200 个新代理，然后立刻召开部门会议，分解目标：他给团队每个人定的目标，是要开发 20 个代理，10 个人刚好 200 个。

但两个月过后，他发现，指标完成情况并不理想。他很着急，再次召开会议，给大家打气。又过了两个月，情况依然没有好转。虽然同事们都很努力，但距离目标还是差得很远。

为什么会这样呢？因为员工希望领走的是可操作的"任务"，而新总监下达的，是还没转化成任务的"目标"。

可"目标"和"任务"，是两种不同层次的概念。

目标，是一种面向结果的概念，主要用来交流"我们需要做什么"，是偏战略层面的事情，是道选择题，由高层管理者来选择去做对的事情。

任务，是一种面向过程的操作步骤，主要用来交流"我们具体怎么做"，是偏战术层面的事情，是道工程题，由基层员工来把事情做好、执行到位。

把目标转化成任务，就是把目标结果转化成可操作实现的过程。

如果要把目标任务化，新总监可以如下这样做。

首先，他仍然可以把目标进行简单分解。比如，要发展200个新代理，如果按10个月来计算，平均每个月要开发20个。

其次，思考这20个新代理可以怎么获得。通过回顾之前的工作，总监发现，发展新代理主要还是要靠"拜访潜在客户"。

最后，查询相关数据，评估开发20个新代理的工作内容，并落实到每天的具体执行中。

比如，通过研究以往的数据，总监了解到，把潜在客户转化为代理的成功率是5%。如果要发展20个新代理，每个月需要拜访的潜在客户是400个，那10名员工，平均每人每月需要拜访的人数是40个。如果按1个月20个工作日来计算，这10位员工每个人每天至少要拜访两个潜在客户。

通过这样一转化，把"每个人要开发20个代理"的目标，变成了"每天要拜访两个潜在客户"，可执行性就高了许多，要做的事也明确了很多，自然结果也就有保障多了。

第二步：把任务流程化

把目标任务化之后，你还需要继续分解，把每项具体的任务分解成可以直接执行的具体动作和流程。

或许你会好奇，每人每天拜访两家客户，一周走访10家，还不够具体吗？还要怎么拆，才算具体呢？

这里，我给大家一个参考：拆到你能直接执行的具体行动步骤，就算具体了。

我以每周走访10家客户为例，那具体的任务，可以拆解成以下步骤：

第一，提前确认本周走访哪几家，设定拜访的目的，主要是为了让对方体验产品，还是介绍合作模式；

第二，在计划拜访日期的前两天，确认对方日程，发出到访邀约；

第三，确定日期后，罗列走访顺序，规划线路与每家走访的大致时间；

第四，走访前一天，致电对方确认，并准备拜访的话术和资料。

不要嫌麻烦，当你把流程步骤理得越清晰、越具体，你行动起来就越容易，结果的预见性也越高。

第三步：把监督常规化

如果你是一位管理者，不仅要完成自我检查，还要对下属的任务目标进行检查。所以，把监督常规化，是执行到位的一个重要保障。

那么，具体如何检查呢？很简单，你只需要做到"三个确认"：

第一，确认每天的流程是否执行到位；

第二，确认每周的目标达成率，建议每周可以确认两次，比如，你可以周三确定一次，周五确定一次；

第三，确认总目标的达成率，建议每月两次，你可以月中确认一次，月末再确认一次。

在我看来，检查力约等于执行力。下属不会做你希望的事情，只会做你检查的事情。所以，执行的过程中，是否有确认检查，是你计划能否成功执行的重要因素。

第四步：让循环灵活化

计划的本质其实是对目标做出的假设方案。如果说第三步的检查是验证这个假设方案的可行性，那这一步的调整，就是把这个假设方案进一步优化，提升它成立的可能性。

你首先要根据上一步的"三个确认"，进行经验的总结梳理；对成功的经验，你要继续保持；对失败的原因，你要追根溯源。关于追根溯源的方法，你可以参考前面讲到的复盘思考法。最重要的是，你必须结合所追溯到的原因，进行针对调整。

总的来说，调整的目的，就是不断缩短现实情况与理想目标之间的差距，来保证你能按时完成计划里所制定的目标。

这里，我总结了4种调整方式，供大家参考。

第一种，"微调"：调整工作流程。

比如，你发现，当新员工一个人去拜访客户时，成交率达不到以往的5%，这时，你可以调整为两人一起拜访，一个有经验的带一个经验不足的，以此来提升成交率。同时，把两个人每日拜访的数量提升到4家。

第二种，"中调"：调整工作策略。

如果你发现两人一组的拜访量对完成目标的贡献率太低，效果不好，就可以换另一种你觉得更有效的任务，来帮助你更快地达标。比如，把单独拜访变成会议营销，把一对一的销售方式变成一对多的模式，等等。

第三种，"大调"：改变目标任务。

如果执行了3个月后，你发现一年要发展200个新代理商，实在是一项难以完成的任务，这时你就要和总部申请调整目标；或者跟总部申请，抽调一批有经验的业务员来支援你。

第四种，"不调"：当能按计划完成所制定的目标时，你就不需要任何调整。但这种情况很少。

这里的"微调"和"中调"，是解决问题的关键，因为每一次灵活调整，都是对原来方法的继续探索和升级，也是为下一个PDCA循环积累经验。

> **核心要点**

PDCA 工作法关键的四个步骤：

第一步，把目标任务化；

第二步，把任务流程化；

第三步，把监督常规化；

第四步，让循环灵活化。

尤其后两个步骤让 PDCA 工作法成为一种循环前进的工作法。

番茄工作法：
专注 25 分钟，提升整体效率

我们经常遇到这种情景：

打开电脑，想回复一下邮件，同事过来问你问题，一聊就是半小时；

拿起手机，想给客户打电话，结果半小时后发现自己居然在刷朋友圈；

本来两个小时就能完成的工作报告，你一会儿喝杯水，一会儿上趟厕所，拖了半天才写了两行，下班时间到了，你开始后悔……

……

这些都是注意力涣散的表现，本质上是对时间感知力不足、难以专注。再加上拖延的坏习惯，往往你还没反应过来，时间就已经溜走了。

关于注意力管理的问题，在前面的聚焦工作法、简约决策法中都做过强调，这一节和大家分享的番茄工作法，将用具体的实物工具，从操作层面帮你应对上面这些问题，让你的工作不再被轻易中断。

一个番茄钟背后的意义

虽然做事很重要，但懂得做事背后的意义更重要。番茄钟这个工具背后的意义，在我看来至少有三个。

首先，番茄钟用 25 分钟倒计时的方法，巧妙地调动人的紧迫感，强化提升专注的动力。倒计时的紧迫感我们都很熟悉，比如，周一早上要交报告了，周日晚上可能会熬到凌晨两三点也要紧急赶出来；还有考试时间只剩下最后 15 分钟了，你可能会用 15 分钟完成平时一个小时都难以做完的题量……

其次，如果你有一个大任务要完成，在心理上常常会形成拖延，心里总想着先缓一缓再做。但是，当你把一个需要花费大量时间的任务拆解成几个 25 分钟来完成的话，你的压力就会小很多，你就能专注于这 25 分钟时间。每完成一个番茄钟就会给你一个正面的激励和奖励，从而鼓励你把大的任务一步一步地攻克，其实在这个过程中你也顺便克服了拖延。

最后，当频繁使用番茄钟刻意训练后，你就能逐步提升你的时间感知力，从而更准确地预估完成每项任务所需要的时间，也就能更好地安排工作，提升执行效率。

番茄工作法有这么多直接和间接的好处，具体要怎么操作呢？我总结了三个步骤：第一步，确定必做事项；第二步，按番茄钟执行；第三步，在复盘中调整。

确定必做事项

罗列待办事项，确定今日必做事项。这一步的关键，是把今天一定要完成的事情挑选出来。

首先，准备两张表格，分别是"工作计划表"和"今日任务表"。

其次，把想到的所有要做的事情在第一张表格上一一列出，这张表格就是"工作计划表"。

最后，从"工作计划表"中筛选今天一定要完成的 3~5 件事，将筛选出的事件填入第二张表格"今日任务表"的必做事项。

运用番茄钟来执行

把注意力集中在当前的事情上，是提高工作效率的最有力保证。所以，这一步的关键是不能中断，这也是番茄工作法最重要的一步。

那如何避免被中断呢？

在《有效的管理者》里，一位管理者透露的高效秘诀是："我严格规定，在我和客户谈话时，除了美国总统和我的夫人，秘书不得接入任何人的电话。总统呢，极少会来电，我的夫人又深知我的脾气。所以无论什么事，我的秘书都要等我谈完话才告诉我。"

你可能没有秘书，你可以到京东或天猫商城买一个番茄钟，也可以到手机应用商城下载一个"番茄钟 App"。设置好番茄钟，在这番茄钟内，只要不是火烧眉毛，你就必须专注你手头的事情，直到计时器提醒你专注时间结束。

只要不间断地走完一个番茄时间，就能在表格对应的任务后打个√，作为番茄奖励。

如果真的不幸出现中断的倾向怎么办？一般来说，工作中断的原因大致有两类：自身原因导致的内部中断，以及外界的人、事、物导致的外部中断。这里给大家提供两种应对原则。

第一种，对于内部中断，可以先接受，后记录，然后继续工作。

比如，你正写着报告时，突然记起要给李经理打电话确认货款。对于这种临时想起、但又必须完成的工作，你可以归类为"计划外紧急"的事，在"今日任务表"下方写上"致电李经理，确认货款"，标一个△表示计划外紧急事件，然后继续写报告。

第二种，对于外部中断，可以先告知，后协商，记录之后继续工作。

比如，同事突然问："有件事想和你商量一下，有空吗？"对于这种情况，你可以说："25 分钟后，我再主动找你聊，可以吗？"

总之，尽量在 1 分钟内结束话题，同时标记一个 W，表示外部中断一次，然后继续工作。当然，如果是当下非做不可的，比如老板在办公室等着你开会，你最好作废当下的番茄时间，先去处理紧急事件。

另外，每完成一个番茄时间，一定要休息 5 分钟；每四个番茄钟之后，休息半小时。休息的过程就是恢复注意力的过程，是在为下一个番茄钟积蓄能量；同时休息也能够让大脑从专注状态切换至发散思维模式，可以获得创意和灵感。列宁曾说，会休息的人才会工作。

小结一下前面两步，通过两张表格，选出每天一定要完成的 3 到 5 件事，设定番茄时间不中断地执行。如果做到这两步，你已经基本解决了专注力和工作容易中断的问题。

在复盘中进行调整

这一步不仅能让你未来大大降低中断概率，还能提升你对时间的感知力。这一步的关键是找出中断根源，制订调整策略，具体可以从以下三点着手调整。

第一，对番茄时间和番茄奖励，进行复盘。

每天结束前，你可以回顾一下，一共用了几个番茄钟？其中多少个是完整的？分别在哪个时间段？能完成的原因是什么？把成功的原因和因素，提炼总结出来。

第二，对被打断的番茄钟，进行复盘。

被打断的和作废的番茄钟有几个？原因是什么？内部中断和外部中断的分别有几个？对此，你的调整计划是什么？"今日任务表"之外临时紧急的事情有多少？如何避免？将总结的原因连同你的调整想法写下来，作为明天的计划根据。

第三，对用了三个及其以上番茄时间的大任务，进行复盘。

这些任务还可以拆成更小的事情去做，以此来提高效率吗？如果要减少番茄时间，提高整体效率，还可以怎么做？将你思考的结果写下来。

将以上复盘结果，分为一、二、三，记录在"今日任务表"的复盘总结框中，并定期进行回顾。

记得在尝试的过程中，随时记录随时调整，没有什么比看着自己成长轨迹的点滴，更能驱动自己前进。

核心要点

番茄工作法就是在一个番茄单位的时间里，专注不中断地做好一件事。这个方法包含三个步骤：

第一步，罗列待办事项，确定今日必做事项；

第二步，在设定番茄钟内，不中断地执行；

第三步，复盘思考，针对调整。

时间矩阵法：
分清轻重缓急，别让团队瞎忙一场

你是否有过这种经历：每天埋头苦干，忙到连厕所都忘了上，但仍然觉得时间不够，不得不加班来凑？

很多加班，看似是因为事情太多、时间不够，其实是用错了时间管理方法，导致自己瞎忙一场，最后只能用拼命努力的姿态来掩盖时间管理能力的缺失。

有这么一个职场故事：一名部门经理因为患了心脏病，遵照医生的嘱咐，每天只能工作两个小时。但他很惊奇地发现，这两个小时所做的事，不管是质还是量，与以往每天花费八九个小时所做的，几乎没有两样。后来，他得出一个结论：因为工作时间被迫缩短，只好将有限的时间用在最重要的工作上，这就是他能够用两小时完成平时八小时的工作的主要原因。

时间矩阵工作法，就是让你能用一天的时间，完成一周的工作量，成为时间管理的高手。

艾森豪威尔被认为是美国史上最懂得利用时间的总统，他在工作中以干练、高效著称。每天，他都会在一张纸上画个十字，分隔出 A、B、C、D 四个区域，把自己当天要做的事，分别放进相应的区域，分区处理。有些区域的事，他会亲自处理，有些区域的事，除了重大决策他亲自抓，其他具体的事项都交给他的助手处理。

这个方法，让他在白宫期间能游刃有余地处理各种繁杂事物，几乎零贻误，而且还工作生活两不误。

时间矩阵法就是这么简单的分区执行逻辑。其中的关键在于，将事情放入对应区域的依据是什么？每个区域，又要采取怎样的执行方式？下面，我将分成 A、B、C、D 四个区，逐一跟大家介绍。

救火区：紧急又重要

A 区属于救火区，这个区域的事情，你要亲自做，马上做。

一般来说，要放进这个区域的事，通常是因为时间的紧迫性和影响的重要性，让你有一种"再不做，就要出大事"的感觉。

比如，突然爆发的危机公关；明天，就要向总经理汇报工作，汇报用的 PPT 还没做；下周就要提交的投标方案，连初稿都还没打。

……

这些，都是救火区的事情。

未雨绸缪区：重要不紧急

B 区，属于未雨绸缪区，这个区域的事情，需要你纳入计划、提早做、认真做。

很多创业者、职场人，总觉得每天一睁开眼就像打仗一样，有忙不完的事。各种问题层出不穷，突如其来的临时事件，也搞得他们手忙脚乱。但"忙"或许只是一种虚幻感，最根本的原因是缺乏未雨绸缪的意识，即原本应该提前考虑和计划的事情并没有做好。

比如，一个月前的会议录音，由于没有及时导出、正确命名归档，导致今天老板问起时，你花了两个小时，翻遍了电脑和各个硬盘才找到。如果当时能及时导出来，是不是就能避免不必要的时间浪费了？

像这类事情，就可以果断放进这个区域，提早处理。记住：未雨绸缪，才能减少救火。

需要强调的是，未雨绸缪区的事情，虽然不紧急但至关重要，从长远的角度看，这个区域的事情，比救火区的事情更有价值。

比如，公司让你负责年会的老客户邀约，那你从年初开始，就要保持与他们的联系，尤其是节假日和重要的时间节点。不然，到了年底临时抱佛脚，匆匆联络发出邀约，成功率可能就很低了，你的邀约目标也就很难完成。

如果这时你的竞争对手客情维护做得比你好，甚至会把你的老客户吸引到他们的怀抱。可见，用长远的眼光来办事有多么重要。

可以放在未雨绸缪区的事情，还有哪些呢？

比如，每周必须检查项目的进度和风险控制点；招聘培养优秀的人才；及时做好"五项修炼"的学习和精进……建立未雨绸缪的意识，就是要把时间尽量优先花在这些看似不紧急的重要事情上。

等候区：紧急不重要

C区，等候区，这个区域的事情，你可以延迟做，或授权做。

但是这个区域的事情，通常比较容易迷惑人，因为它就摆在你眼前，令你感觉它们好像非常重要需要立马处理，这时你就需要先冷静一下，仔细思考之后才能准确判断。

一般放进这个区的有以下两类事情。

第一类，需要你处理的，但可以延迟做的。

比如，你在写报告时，微信突然弹出一个对话框："在吗？有个很棒的新项目，想找你谈谈。"很棒的项目，听起来很吸引人，但你可以先记下来，处理完手头的事情后，再找他详聊。毕竟，谈项目通常需要花费比较长的时间，何况延迟一点做，项目又不会飞走。

第二类，你可以授权处理的。

比如，你是总监，3分钟后就要开个高管会，突然HR扔了一份简历过来要你面试怎么办？开高管会，非你不可，但面试，只要了解职位要求和岗位职责、又有面试经验的同事，基本都可以处理。所以，你可以授权一位有经验的经理，替你处理面试工作，然后去开会。

闲事区：不紧急不重要

D区，属于闲事区。这个区的事情，你需要少做甚至不做。

面对那些做不做都没什么关系的事，或者做了也不会影响效率的，就果断放进这个区。比如刷朋友圈、和同事商量下班后去哪儿吃饭等等。

当然，高效的时间管理不等于全程紧绷地工作，这里提供以上4个区大概的时间分配比率，供大家参考。

首先尽量"干掉"D区的事情，能不做就不做；其次，将C区的绝大部分事情授权给下属做，直到减少到10%；这样就可以把50%的时间，花在B区的重要事情上；最后用40%的时间搞定A区的"救火"事情。

坚持一段时间，你会发现，原本需要一周才能完成的事，可能一两天就完成了。

当然，凡事都有例外，如果遇到以下这些特殊情况，可以选择灵活处理。

对于一些容易处理的、能在3分钟内完成的，虽然不算紧急，重要程度也一般，但可以利用碎片时间快速处理，甚至优先于A区的事务处理。这样，就能腾出更多的注意力，聚焦在处理A、B区的事。

如果今天要做的 7 件事里，属于 A 区的有两件，但处理起来比较耗时间。可是另外两件虽然不属于 A 区，但可以在 10 分钟内速战速决，那就可以优先处理那两件容易处理的事情。一方面，可以及时减轻记忆压力，让大脑腾出空间和能量，保持专注力和思考力；另一方面，短时间做完一件小事，画一个勾，还可以增加做事的成就感。

> **核心要点**
>
> 时间矩阵工作法就是把要做的事分成四个区，按不同策略执行。
>
> 救火区的事，亲自做马上做。
>
> 未雨绸缪区的事，提前做认真做。
>
> 等待区的事，延迟做授权做。
>
> 闲事区的事，减少做，甚至不要做。

清单行动法：
少走冤枉路，少做冤枉事

你有没有这样的经历：上司交代了一件事，只要还没完成，你的脑子总会忍不住去想，如果交代的事情多了，你甚至会感觉到焦虑，总担心自己漏了、错了，直到最后做完了，上司满意了，你才彻底把这件事放下。

剑桥大学一项最新的研究表明，人脑消耗的能量是非常惊人的，脑部约占人体重的2%，却消耗了全身20%的能量。

大脑本来是人的思考中心，但大多数人把大脑用错了地方，只用于储存、记忆和回忆工作信息。这个过程既消耗能量，又造成很大的心理负担，导致焦躁和不安。但神奇的是，一旦你把大脑要记忆的事件用笔写下来，你的大脑就会很安心地放下这件事，像电脑一样，空出很多内存，让你好好思考、专注做事。

清单其实就是一种帮助大脑记忆、减轻大脑负担的工具。清单工作法，就是让你思考时事无巨细、安排时有条不紊、执行时思路清晰，成为不焦虑、零贻误的职场高手。清单工作法的关键是帮助大脑脱离记忆的泥潭，回归到思考和计算的本质业务上来。

我喜欢一个有意思的比方：清单的角色就像按摩师、严格的教练、救生员，可以帮你解压、督促你完成工作，以及避免你出差错。

只要学会有效列清单，即使状态再怎么不好，就算头脑空白，执行时也可以变得条理分明、思绪清晰。就如我们耳熟能详的"身手钥钱"，只要出门时想到这个四字清单，检查一下身份证、手机、钥匙、钱包，我们就可以安心出门。清单在手，你可以少走冤枉路、少做冤枉事，面对任何状况都会胸有成竹。

清单工作法"三步曲"

听起来如此神奇好用的清单工作法，具体怎么操作呢？很简单，就是三个步骤。

首先，罗列任务。把计划要做的事情，以"动词+对象+目的"的格式，逐一罗列在一张纸上，确保任务清单上的行动清晰、具体。

比如，"联系摄影机构"，就不如"致电摄影机构确认价格和拍摄时间"来得清晰具体，既定了联系的方式是打电话，又明确了目的是确认价格和拍摄时间。

其次，归类合并。罗列完毕后，你会发现有些事情是相关的，有些是做 A 的时候，可以顺便把部分 B 的事项一起完成。这时你可以把它们适当合并。

比如，A.发送活动邀请函给客户，B.购买活动花篮，C.确认出席人数。这三项都是和某场活动相关的，可以归到一类，其中发邀请函和确认出席人数是可以合并做的，比如每发送一份邀请函随即致电客户，既能表示诚意与重视程度，也能顺便提前确认对方是否有空出席，给后续的安排留有调整的空间和时间，还不会遗漏任何一位的邀请和确认。

最后，按照需要完成的时间来排定优先级。我习惯按事情需要启动时的时间来排定顺序，比方说早上有场电话会议，我会在这个条目左边标上时间"9：40"。这样一来，其他时间就不会为了这件事情而分心。

除了有固定时间的工作，其他工作可以根据重要性，分为 A、B、C 三级，如果 A 级有两件事，就写成 A1 和 A2；B 级有三件事的话，写成 B1、B2 和 B3……具体工作中要从最重要的 A 级开始，把最次要的 C 级放在最后或者休息时间处理。

一日之计在于清单

在使用清单工作法时有三个原则需要把握好。

第一，清单不是流水账，每天执行的清单任务 5 项为佳，最多不要超过 7 项，尤其放在 A 级的事不要超过两件。只有执行到位的清单，才有价值。

第二，列进清单的事项，都需要遵循一个关键原则：动词开头原则。比如写"搞定 618 活动海报"，而不是写成"618 活动海报"。

第三，保持清单的弹性，尽可能地预留出一些时间。在一天当中总有你没料到的临时工作会出现，这个时候你预留出的时间就能派上用场。

对于各行各业的职业经理人、企业家来说，清单是他们每天不可或缺的配备，是他们一天日程的"调派中心"，是他们工作有条不紊进行的保证。

我总习惯每晚睡觉之前，用以上三个步骤和原则，把第二天的工作清单列好，不论多晚，我都不会跳过这个步骤。这样，第二天只需要花一两分钟，快速浏览清单确认当天事项的执行顺序，就可以火力全开地进入工作状态。清单在我面前就像导航地图，清楚地告诉我这天从哪里出发、要到哪里去。

清单工作法还可以用到哪些场景中呢？其实它的应用很广泛，可以说无处不在，比如读书清单、采购清单、出差的物品清单、年度的目标清单、会议的流程清单等等。

还需要注意三个原则：最多不超过 7 项；动词开头；保持弹性空间。

当你完成一件件事，把清单上的任务一项项划掉时，内心涌出的成就感会让你对工作和生活变得更加积极，焦虑感也会减弱。

清单工作法，用一张表、一支笔，把心安住，不茫然、不焦虑、不贻误。希望清单工作法能让你减轻任务焦虑、理清工作思路，成为有条不紊的高效人士。

> **核心要点**
>
> 清单工作法分为三个步骤：
>
> 罗列任务；
>
> 合并归类；
>
> 排定优先级。
>
> 清单工作的三个原则：
>
> 最多不超过 7 项；
>
> 动词开头；
>
> 保持弹性空间。

流程工作法：
保障有品质的高效工作

职场管理工作基本分为两种：偏事务性的和偏业务性的。

对于事务性的工作，早期经常出现遗漏偏差，后来优秀的管理者想出了一个办法，将事务流程化，固化下来，这种方式大大减少了对工作步骤的记忆，同时降低了因个人情绪不稳而导致的遗漏。很多成熟的事务性工作，都用这种方便实用的流程化工作法解决了问题。比如财务的工作流程、仓管的工作流程、工地建设作业的流程……

有些人认为偏业务类型的工作，遇到的事情不仅跳跃性大，还包含很多不确定的因素，比如情感因素，那流程化的方法可能就起不了什么作用。

其实不然，无论是面对事还是面对人，无论是事务性工作还是业务性工作，它们都会存在一部分的重复性劳动。只要你能把这部分的内容进行流程化处理，就能在一定程度上提升工作效率。下面我们以销售为例进行说明。

销售算是典型的业务性工作，在拜访或者接待客户时，就会存在各种不确定的因素。但是，在这之前的准备工作，比如着装、销售的话术、提前思考可能遇到的问题等，却是相对固定的。

拜访客户前，对客户情况的提前分析、思考应对的策略、对谈话内容的导向思考如何把控……这些内容，就是可流程化处理的部分。

很多优秀的销售型公司就是通过在这部分下功夫，一方面让新人能快速上手工作；另一方面，也让不同的员工在做同一件事情时，产出的效果有品质保证。

流程工作法三要素

既然偏事务性的和偏业务性的工作都能使用流程工作法，那么在设计流程的过程中，有没有一些诀窍呢？

在我看来，要找到流程工作法的诀窍，首先要理解它所包含的三个关键要素：流程、节点、元素。

流程——工作事项的流向顺序，通俗点讲，就是先做什么，后做什么。

节点——每个环节步骤、一个完整的工作流程，是由一系列的工作节点组成的。

元素——每个节点里，所执行的具体内容、要达到的标准和要求。

如果用一串珍珠项链来比喻，节点就是链子上的一颗颗珍珠，元素就是每颗珠子的大小、颜色、纹路的要求，流程就是把一颗颗珠子串起来后的一条长度、成色符合要求与标准的珍珠项链。

根据这三个要素，我把流程工作法分成三个步骤来阐述方法设计的奥秘。需要注意的是，流程是从工作中来，再回到工作中去的，这三个要素，我们需要在实际的执行过程中边使用、边优化。

流程工作法"三步曲"

第一步，梳理流程，制订节点。

任何项目的价值都是在流程中实现的。没有流程，我们的项目就会"流产"。所以首先要梳理流程。

当我们接到一项任务的时候，如果缺乏成熟的经验，脑子里可能只有一些零散的行动思路。这时，先把这些想到的都罗列到一张纸上，不用担心顺序混乱。列完后，我们可以开始整合这些零散的行动思路，第一步做什么、第二步做什么、第三步做什么，每一步就是一个小节点，用节点来清晰你的行动思路。

节点不仅是上一步和下一步之间的工序区隔，它还有两个重要的功能，第一个是工序的时间截止点，第二个是明确上一步的责任人。

比如要设计一张"双11"宣传海报，就有确定创意、撰写文案、美工设计三个节点，每个节点必须有明确的时间上的截止点、对应的负责人，不然这个工作就无法保质保量按期完成。

把这一步大致捋顺后，这项任务的流程雏形和节点，也就基本出来了。

第二步，以终为始，填充元素。

如果说流程和节点是框架，那么元素就是各种肌肉血管，它们填充、丰满一个人的躯体，让整体看起来更形象、更具体、更有活力。

每个节点都有它存在的作用和意义，你可以围绕需要达到的效果，来设计每个节点具体包含哪些事情、怎么做、以什么标准做，这就是填充元素。

如果某个元素需要合作来完成，你还需要在每个具体事项后面附上配合人或负责者，以保证每个元素都能有效执行。

比如，上面设计一张"双11"宣传海报的例子，确定了创意、文案、设计三个节点后，你还需要知道每个节点上的具体元素。

以文案节点为例，文案负责人需要明确几个核心的要素。海报是给谁看的？需要传达给对方什么信息？是长海报还是banner（横幅）图？期待客户看了之后有什么感觉？从这一系列的问题中，我们就可以填充文案的"肌肉和血液"——这些就是元素。只有做到了这些细节，达到了这些标准,这一个节点的工作才算是真正的完成,也才称得上有效果。

设计元素时,一定要围绕做事的目标结果来设计,保证每个元素都是为结果加力,避免废动作。

第三步,逻辑梳理,避免错漏和意外。

定好流程、节点、元素后,我们可以用前文提到的推演决策法再推演一下,看看有没有逻辑漏洞?有没有衔接不合理的安排?有没有优化空间?同时针对可能发生的意外,提前思考并做好备选计划,确保流程的完整性。比如上面的"双11"海报我们可以设计两种创意风格,以免和竞品撞色。

流程执行完后,你还可以运用复盘思考法,对各个节点和元素进行再评估,对那些不增加能量、不创造价值的元素,及时调整或者删除,为下一次工作提供流程模板。这样,下次再处理同样的事情时,就可以少走弯路,并且做得更好。

需要注意的是,在运用流程工作法时,最好把流程、节点、元素的内容进行可视化,把想到的写下来,以便我们在实际的工作中参照执行,调整修改。

流程工作法的范本

下面我们看一个流程工作法的经典案例。

接听客人的订座电话,海底捞在这项简单的工作上设置了非常清晰的工作流程。就算是第一天入职的新员工,第一次做这件事,只要按照流程说明来执行,就能达到和资深员工一样的效率和品质。

首先,从拿起电话接听到预订成功、给客户发信息,海底捞把整个过程切成11个节点,几乎全方位涵盖了所有电话预订的情景——这就是第一步:梳理流程,制订节点。

接着，在每个节点里，都清晰罗列了对应元素，比如具体的执行细节、执行标准，甚至有的节点还备注了参考用语。

比如，在"拿起电话"这个节点，为了让客人像真实到店一样，能感受到及时、热情的接待，它要求铃声响起的3声内，员工必须接起电话；因为中文的同音字很多，在"礼貌称呼客人"这个节点，海底捞要求员工主动确认客人准确的姓氏，避免在客人到店取位时，因为登记错误发生不必要的误会。如客人说，她姓"zhang"，你需要立即确认，"请问是弓长张，还是写文章的章"。

这就是第二步：以终为始，填充元素。

最后，针对一些特别容易发生意外的节点，海底捞会提供"及时提醒确认"之类的备注和相关的参考建议。

在询问预订的用餐地点是大厅还是包间时，如果客人回复的是包间，海底捞会及时提醒一句："我们的包间，是需要收取包间费的，因为……请问您确定要预订包间吗？"这样，就避免了客户在结账时，因为对收费情况不满而引起不必要的争执。遇到节假日满座了，客人预订失败，海底捞提供了三个回应建议，供员工参考，并根据实际情况，灵活回复。

第一个建议：先委婉解释，表示歉意，然后和客人协商到店时间，并建议岔开高峰期的等座时间，提早或晚些到店，避免等座。

第二个建议：可以帮客人在电话里排卡号，做好登记，让客人在路上时就开始计算排队时间，节约客人的等位时间。

第三个建议：可以主动介绍网络排号，方便客人根据自己的时间随时通过网络排号，节约客人的等位时间。

有了这三个参考备注，如果你是接听电话的人，遇到状况时，心里是不是有底气多了？

> **核心要点**

流程工作法就是通过流程、节点、元素,把零散的想法和以往的经验整合到一个系统的工作流程,方便复制、提升效率。

它包含三个步骤:

梳理流程,制订节点;

以终为始,设计元素;

逻辑梳理,避免错漏和意外。

迭代行动法：
小步快跑，完成比完美更重要

很多人有完美主义倾向，容易造成拖延，错过时机。总想要什么都准备好了才去做，这就错过了最好的时机。比如上司要你做一个活动方案，你搜集资料花了两天半，临交方案前三小时才开了个头，最后急急忙忙、火急火燎地交了个自己都看不下去的方案。这就是没有迭代的意识。

每年超过 70% 的人会在年初做一个新年计划，但是仅有十分之一的人最后可以完成新年目标。这么多人无法完成新年目标有两方面的原因：一方面是缺乏执行力；另一方面是没有在合适的时候进行计划迭代和执行迭代。

那到底什么是迭代工作法呢？

迭代工作法的核心是小步快跑、快速更新。具体来说，是在重复反馈的过程中不断更新，一步步逼近自己的目标；每一次反馈后的更新就是一次迭代，而每一次迭代得到的结果会作为下一次迭代的新起点。

互联网公司是迭代工作法的典型代表，比如微信从最初的 1.0 版本到现在的 7.0 版本，经过了 70 多次的迭代。从最初仅有即时文字对话等简单功能，到现在打通整个社交与商业网络的微信帝国，靠的并不是最开始的完美规划，而是一次又一次的迭代升级。

微信的迭代历程让我们意识到，坦然承认自己的方案或计划不成熟，是学习迭代工作法的一个重要前提。在不断探索和反馈的过程中，不断找到改进点，进行迭代。具体如何迭代，我给大家归纳了三个方法：自我迭代、内部迭代、对外迭代。

自我迭代

工作中，接到目标或任务后，首先要用最快的时间完成最简略的框架，然后进行自我迭代。

自我迭代就是一个自我验证和自我调整的过程，我建议大家针对设定的框架问自己两个问题：我喜欢这个框架吗？我自己愿意加入或购买吗？在自问自答的过程中，迭代你的框架。

举个例子。领导布置你写一封邀请信，邀请客户来参加公司十周年庆典。

接到任务后，你快速地设计了邀请信的框架，由两部分构成：表达感恩与邀请＋活动注意事项。

然后自问：我喜欢这个框架吗？我自己愿意参加吗？如果你自己的答案是否定的，觉得吸引力不够，不愿意参加，那你需要继续思考，比如将框架调整成三部分：公司的历年成果＋表达感恩与邀请＋活动注意事项。调整后，再次自问以上两个问题，如果答案是肯定的，或者觉得还不错，就可以在限定的时间寻找资料，补充细节，完成邀请信初稿。

通过自问验证来迭代，是最初级的迭代，一定要限时在最短时间内快速完成，不追求完美，只要感觉还可以，就可以进入下一步。

内部迭代

完成初步方案后，我们可能还是觉得有漏洞，但是又不知道漏洞在哪里。这时候就要尽快把方案发布出来，听取同事与朋友的意见，进行组织内部迭代，并确定可以对外发布的基础原型，这里的基础原型就是"最小可行性产品"，功能极简但能够体现核心创意、可以演示给用户最简版本的产品。比如微信的基础原型，就只有即时文字对话、添加好友的基础功能。

如何进行内部迭代呢？我们接着说上面写邀请信的例子。当完成初稿后，你可以第一时间发布到内部工作群，请求同事们给予反馈，针对关键岗位同事可以一对一征求反馈建议，比如做大客户开发或做客服的同事。

认真筛选同事的反馈建议，根据建议迭代邀请信。比如，客服的同事建议，根据老客户、新客户两类来修改邀请信，针对两年前的老客户多提及当年共鸣的事件；针对近两年的新客户重点提及他们加入后参与的项目和产品事件。这样的建议就是创见，可以做一次有效的迭代，出两个版本的邀请信。

比如"五项能力修炼场"的微课，我就在团队内部进行了三次迭代之后，才确定对外发布的产品原型。当然，这只是一个新起点，接下来我还会根据听众的反馈，继续优化迭代这个课程，这就是接下来要分享的"外部迭代，完善升级"。

外部迭代

将产品原型对外发布后，要以最快速度寻求用户的反馈，根据用户反馈，迭代产品，就像微信一样，从最初的1.0版本到现在的7.0版本经过了70多次的对外迭代。迭代的过程就是重复反馈、重复优化的过程。

不管是自我迭代、内部迭代，还是对外迭代，一定都是小步快跑、快速更新，每跑一小步得有一小步的成效，保持灵活性，以最低的时间成本获得最有效的成长。

当面对一个需要大量协作的复杂任务时，需要综合运用三种迭代方法。在"瀚霆研习会"，我们就正将三种迭代方法的结合付诸实践。

当有十多家企业排队等待我做他们的企业经营管理顾问的时候，其中有两位已经跟我认识几年的企业家说："瀚霆老师，你的时间和精力有限，在一个时间段内同步服务的企业也有限，现在外面非常流行私董会和众筹，我们能不能把等待你做顾问的十多家企业集中起来，仅占用你服务一家企业的时间，集中指导，我们按照一家顾问企业的服务费众筹，你看如何？"我当时非常认同，既节省了我的时间，又不会耽误大家，同时费用化整为零，让企业少承担一些费用。

第一步，自我迭代。我首先问自己：我喜欢私董会这个框架吗？我自己愿意成为这个私董会的核心用户吗？显然不喜欢，也不愿意，因为十多家企业集中在一起是想得到专业顾问的答疑解惑和具体指导，不能完全模仿私董会的模式，最后迭代为"瀚霆研习会"，流程改为首先由每一位企业家轮流汇报自上期研习会以来的具体工作，分享成长心得并提出问题或思考，由我来点评回应并答疑解惑，然后再由我做一个主题分享，最后大家各自做出近期的工作计划及相应的调整。

第二步，内部迭代。尽管初步方案已经形成，但可能还存在一些我没有意识到的漏洞，我将方案发布到"瀚霆研习会"策划及运营小组，获取团队成员们的充分反馈。企业家们在研习会得到了快速地成长，但他们的团队越来越跟不上，在团队的建议下，我们将全年仅限企业家本人参加的"瀚霆研习会"学习，改为企业家本人参加几次，然后企业再带团队参加几次，两者结合，让团队和企业家一起成长。

第三步，外部迭代。这一步我们开始向所有的"瀚霆研习会"企业家们征求建议和信息反馈。企业家们觉得：每年10次、每次2天这种模式，虽然次数多，但每次2天的时间不够用，希望调成3天，同时希望春节及暑假等时间段不开研习会，让他们有时间陪陪家人和孩子；团训效果特别好，希望每次团队可以参加的名额再多一些。依此，我们迭代出了更方便大家的方式：每年 7 次、每次 3 天，其中企业家 5 次，团训 2 次，团训人数不限。此外，企业家们根据自己的感受，创作了"瀚霆研习会"的口号：瀚霆研习会，培育行业领袖，创造无限可能，"后果不堪设想"！让整个过程更有仪式感。

这三步迭代，让"瀚霆研习会"成为所有会员都特别热爱的组织。

一个没有迭代的产品，迟早会被时间、客户拍在沙滩上；一份没有迭代的计划，尤其是中长期计划，迟早会被你丢进垃圾桶；一门不迭代的课程，迟早会难以满足学员的需求，跟不上学员的成长。

人的一生本就是一个迭代的过程，在这个快速发展的时代，只有快速地迭代，并不断地试错改错，才能一步步走向理想的彼岸。勇于接受不完美，学会用迭代工作法去试错和精进，才能快速应对变化，获得成长。

核心要点

迭代工作法的核心是小步快跑、快速更新。

主要包含三种迭代方式：

第一是自我迭代，设计框架；

第二是内部迭代，确定原型；

第三是对外迭代，完善升级。

小 结

世界上最遥远的距离就是从脑袋到脚的距离，也就是从认知到行动的距离，"高效行动方法论"的目的就是尽可能地将这个距离缩短，为管理者提供高效行动的工具。本章一共讲述了六个高效行动的方法。

PDCA 循环法——帮助你跳出低水平勤奋陷阱，主要包含四个步骤：分别是 P——计划，即把目标任务化；D——执行，即把任务流程化；C——检查，即把监督常规化；A——调整，即让循环灵活化。

番茄工作法——应对碎片工作的高效工作法则，首先是确定当日必做事项；其次按照番茄钟完成必做事项；最后是复盘番茄钟的执行效果，针对调整。

时间矩阵法——把要执行的事分成四个区，按不同策略执行：救火区的事，亲自做马上做；未雨绸缪区的事，提前做认真做；等待区的事，延迟做授权做；闲事区的事，减少做，甚至不要做。

清单行动法——清单其实就是一种帮助大脑记忆、减轻大脑负担的工具，让大脑回归到思考和计算的本质业务上来。清单工作法分为三个步骤：罗列任务、合并归类、排定优先级。

流程工作法——通过流程、节点、元素，把零散的想法和以往的经验整合进一个系统的工作流程，方便复制、提升效率。首先是梳理流程，制订节点；其次是以终为始，设计元素；最后是梳理流程，排除错漏和意外。

迭代行动法——树立完成比完美更重要的信念，方法包括三个方面的迭代，首先是进行自我迭代；其次是团队内部迭代，确定原型；最后是对外迭代，完善升级。

这六个高效行动的方法看起来简单，但运用起来会吃力，管理者和职场人需要经过多次的体验和练习才能发现其中妙处。如果想信手拈来，就必须经过长时间的实践，所以在看书的同时，你还需要认真刻意训练其中的每个方法，让这些方法长在身体里，融在肌肉和血液里，变成你工作的习惯。

另外，这六个方法也存在重叠的成分，管理者需要选择适合自己和团队的方法来践行。

如果你还想进一步学习高效行动的方法论，扫描二维码，可以获取"瀚霆研习会·目标必达密训会"的内部培训资料——《如何建设企业的目标与绩效文化》PDF 文档。

第五章

目标必达：
没有目标，团队就不会存在

设定目标法：
定什么样的目标

目标对于管理者至关重要！普通职员可以没有目标，但管理人必须有。可以这么说，没有目标感的人，不可能成为管理者；没有明确目标的创业者，注定会遭遇滑铁卢。在我看来，创业者和管理者不只是需要目标明确，而是需要建立深刻的"目标心智"，把目标感变成自己心智和思维的组成部分，设定目标法就是帮助我们在建立目标心智成长过程中提供方法和策略。

在"瀚霆研习会"的课堂上，我发现很多管理者会认为，以结果为导向的人就是具备了"目标心智"。这样的理解有些肤浅了，真正具备"目标心智"的管理者，不仅拥有坚定的目标信念和达成目标的决心，还深刻理解目标制订的原则和达成的方法。

接下来，我将用"一个信念、两大标准、三个方法"跟大家分享设定目标法，帮大家建设"目标心智"。

一个信念：没有目标就没有未来

"一个信念"就是建立坚定的目标信念。很多人都知道目标很重要，但基本都停留在表面的重要之上，比如，目标让人产生动力，目标给团队前进的方向，目标可以凝聚团队的士气……但绝大多数人都没真正理解目标为什么如此重要，我从人的心智底层给出两个必须建立目标的理由。

第一，人天然对目标就有心理需求，因为人的基因里对不确定性有恐惧感，而目标能给人确定性。有句很经典的话：一个人不是在为自己的目标而奋斗，就是在为别人的梦想而努力。大多数人都属于第二种。自己不定目标，只会跟随有目标的人。

第二，人脑有一种天生的本能，会无意识地过滤、抓住自己希望得到的东西。比如，一个怀孕的人，会不自觉地发现满大街都是孕妇；一个人买了一辆宝马，会发现满大街都是宝马，以前却没看到几辆。因为人有这种本能，一旦明确了目标，就会本能地过滤、抓住与目标有关的信息，从而更容易达成目标、创造绩效。

两大标准：目标的真正含义

讲到制定目标的标准，熟悉管理学的人，首先想到的肯定是德鲁克先生提出的SMART原则。SMART原则是指制定目标的五个基本标准：S代表明确的，M代表可衡量的，A代表可达成的，R代表与战略关联的，T代表有时限的。

我以前制定目标也经常使用这五个标准，但我发现操作起来并不是很方便，于是我将这五个标准做了一个简化，概括成了"两大标准"。

先回到"目标"的概念，目标到底是什么？用更接地气的话讲，"目"就是眼睛，"标"就是标准。目标就是视野范围内可以看到的标准。

第一，"眼睛可以看到的"就是"明确具体的、可达到的"。

第二，"看到的标准"就是"可衡量的、与战略相关的、有时限的"。

这两个标准，第一个强调目标的清晰具体，第二个强调目标的时限和可衡量，这就是"目标"两个字背后真正的含义。

三个设定方法：让目标更易达成

第一个方法叫三级目标法。

目标定高了下面的员工、团队不干，定低了老板不干，老板和员工不断讨价还价，怎么办？

很简单，把目标分解为三级，分别是：保底目标、挑战目标、冲刺目标。

保底目标，是完成目标的最低要求。如果完不成，那就是不达标、不及格，严重的要考虑降级降职处理。

挑战目标，就是按照现有的资源和条件，通过努力、跳一跳，应该可以实现的目标。

把保底目标和挑战目标区分开，一方面，能最大化地调动所有资源，发挥员工的积极性；另一方面，考虑到市场环境在不断变化，你要给变数留个空间，也给员工一个心理保障。

而冲刺目标呢，就是相对于挑战目标，又提升了一个难度层次，需要你跳出舒适区，奋力拼搏才可以实现。

定冲刺目标，就要制定大尺度的激励方案，达成后要能获得有刺激性的回报。

在过去的顾问经历中，我就经常使用三级目标的方法，协助过很多家企业，帮助它们的管理者制定目标，且都获得了超预期的效果。

比如，福州的涟影职业女装公司，我在服务它之前，它的年销售规模是400多万元，之后仅仅用了两年时间，就突破了1亿元，翻了20倍。当时，我们设定的是，第一年的挑战目标是从400万到过千万，第二年是冲刺目标过亿。

需要特别说明的一点，三级目标法特别适合销售驱动型的公司，使用这个方法要求数据非常精确。

第二个方法叫以终为始目标法。

在《心智力：商业奇迹的底层思维》这本书里，李中莹老师有这样一句话："说不出来拿不到，说不清楚做不好。"以终为始目标法就是强调目标要清晰、要具体明确、要说得出来而且说得清楚，最好能呈现在图文上，这样目标达成的可能性就更大，这也非常符合好目标的两个标准。

设想一下，你要盖一座商业大楼，要怎么开始？小伙伴们，跟我上，干起来再说。这肯定行不通。当你挖地基的时候，小伙伴们就开始争执到底挖多深……

盖大楼，一定要先设计：主体设计、外墙设计、室内结构设计。然后，开始出建筑施工图、结构施工图、设备施工图。最后，图纸拿去，开干建楼。

你心中一定要有那个"终"，才会知道应该怎么"开始"。这就是：以终为始。你要先通过基于心智的第一次创造，设计出大楼，也就是那个"终"，然后才能通过基于实际的第二次创造，从"始"出发，建造出大楼。

以终为始目标法，第一次创造的"终"是第二次创造的"始"。这个方法适合于结果比较确定的工作。

第三个方法叫里程碑目标法。

企业制定目标，往往是年度目标，甚至是三五年的战略目标。时间跨度大的目标，如果只设定了最终要达到的效果，以及结束时间，完成的效果可能不会太理想。

因为这个过程没有参照物，容易迷失方向，或者大家觉得目标遥远，而感到疲惫、泄气。所以，作为管理者的你需要设定里程碑式的阶段性目标。

在设定里程碑的时候，你要关注的一点是，是以功能的完成度来设置里程碑，还是以时间段来设置里程碑。

比如，IT项目可以分为设计、开发、测试、发布等。选取每个任务或功能的完成点设为里程碑，就像打游戏时的进度条，到每一个里程碑的时候，都要有"完成"的交付物。当团队看到交付的里程碑，既有成就感，有信心继续去到下一个，也清楚自己距离最终目标还有多远，还需要付出多少努力。

再比如，我在给福州的涟影企业做顾问的时候，就是以时间节点为里程碑，每个月就是一个里程碑，每个月的业绩数据和奖金都是对团队的激励，都是团队新的起点，在一个个里程碑累加之后，业绩的出发点越来越高，形成了良性业绩增长飞轮。

使用里程碑模式还有一个好处，就是将大目标、大项目分成一系列的重要阶段，可在各个阶段之间预留缓冲时间，万一遇到突发事件，就有时间和余地去处理意外情况，保证整体进度如期推进。

以上就是三种定目标的方法，大家可以结合使用，达到最佳效果。企业管理者要把定目标、定战略放在企业的第一位，说得直接一点，这关系到企业的生死；说得文雅一点，这决定了一家企业的生命力，定好目标不仅是完成业绩、促进经营发展，还是培养员工的责任文化、挑战文化和奉献文化的重要途径。

在实现战略目标的路上，需要设定里程碑目标，让团队知道现阶段到达哪里，让大家的速度和行进模式一致化，这样，一群人才能一起走得更远。

核心要点

设定目标法的三大关键：

一个信念：

坚定可达成的信念。

两大标准：

明确具体的、可达到的；

可衡量的、与战略相关的、有时限的。

三个方法：

三级目标法；

以终为始目标法；

里程碑目标法。

目标拆解法：
把目标转化成可执行的任务

定好了目标、知道了方法就一定能顺利达成吗？

其实不一定。调查结果显示，只有不到三成的企业能达到年初设定的年度目标，中小微企业的年度目标达成率则更低。

这其中的原因，除了目标定得不合理和市场变化快之外，还有一个根本的原因：缺乏一种把目标转化成任务的能力。这种能力对应的方法是目标拆解法，就是把目标拆解成团队员工可直接操作执行的任务。

我一直把目标拆解法称作达成目标的关键路径和桥梁。

目标和任务的本质区别是什么

以往，管理者常常把"目标"和"任务"混为一谈。其实，这两者有着根本上的区别，如果搞不清这个区别，就可能导致源头上的错误，那么团队就很难达成自己所定下的目标。

就像我们之前在PDCA循环法中提到的，管理者接到公司的目标：今年要在本区发展150～200个新代理。

他按照三级目标法把今年的目标分成了三个等级：保底目标是开发

150个新代理；挑战目标是开发200个；冲刺目标是开发250个。

然后，他立刻召开部门会议，分解目标：10名员工，每个人目标是开发20个代理，刚好200个，与定下的"挑战目标"相符。

但两个月过后，他发现，目标的完成情况并不理想。于是很着急地再次召开会议，给大家强调目标和达标奖励。但又过了两个月，情况依然没有好转。虽然同事们都很努力，但距离目标还是差得远。

为什么会这样呢？这是因为，员工希望领走的是可操作的"任务"，而这位管理者下达的是还没转化成任务的"目标"。

可见，想要员工团队快速达标，管理者需要学会把目标转化成工作任务。因为，"目标"和"任务"是两种完全不同层次的概念。

目标是一种面向结果的概念，主要用来交流"我们需要达成什么"；而任务是一种面向过程的方法，主要用来交流"我们具体怎么做"。

如果部门目标是发展200个新代理，这是一个结果，那具体要怎么做呢？

这位管理者可以这样倒推：200个代理，按10个月来计算，就是平均每个月要开发20个。发展新代理主要靠拜访潜在客户，结合之前的数据，团队把潜在客户变为代理的转化率如果是5%，那么每月要拜访400个潜在客户，才能获得20个新代理。那这10名员工，平均每人每月就要拜访40个潜在客户。如果一个月按20个工作日计算，这位管理者就可以这样和员工说：你们每人每天要拜访两个潜在代理，并同时跟进两个转化中的代理客户。

这样把目标分解成他们每天可执行的任务，员工就知道具体该怎么去做了。

把目标转化成任务，就是把目标这个结果，转化成在过程中具体可操作的方式和方法。这是一名管理者最基本的技能，也是最重要的事情。如果管理者做不到这一点，员工就会很迷茫，那管理者就只能自己当爹又当妈，又苦又累最后又没结果。

既然把目标转化成任务这么重要，具体要如何转化呢？下面给大家提供两个方法。

目标拆解法一：刻度化、阶段化

把目标转化成任务，本质上是把那些比较难啃的骨头，转化成不会令人产生太多抵触情绪又能够轻易执行的任务。

比如，"听一遍会议的录音"和"做一份营销方案"，你会选择做哪一个？

当然是听录音。因为够简单，直接听就可以，而做方案听起来就很复杂，按照大脑节省能量的特性，都会选择逃避写方案。

那么有什么办法可以把听上去复杂的目标转化成简单可操作的任务呢？

我们可以按时间轴，把这个目标分解成一个个容易达成的小任务。

比如，刚才你选的"听录音"，其实是"做营销方案"分解出来的第一步，其余的三步分别是：根据录音整理记录，根据记录提炼方案的框架，以及丰富方案的细节。你看，把做方案分解成这四个阶段性的小任务，是不是听起来就清晰简单、容易入手了呢？

日本有位山田本一，获得过两次马拉松世界冠军。他说，每次比赛前，他都会乘车仔细观察路线，然后定下若干个阶段性任务。比如，途中的一家银行、一座高楼、一座红房子、一棵大树等。比赛开始后，他先全力以赴冲向第一个任务点，成功后，再冲向第二个，以此类推。这样，整个赛程就被分解成若干个小任务，40多千米的马拉松，跑起来就觉得轻松多了。

需要注意的是，当任务完成时，要有个庆祝仪式，也就是要有仪式感。我服务过的企业都有敲锣、打鼓、拍手的庆祝仪式。比如，当有员工开单了、本周销售额达标了，就会自己跑到锣鼓前敲三下，一方面是自我肯定与鼓励，另一方面也是把这个好消息告知团队。这时部门的其他成员就会集体拍手响应表示祝贺。对团队来说，这既是一种正向激励，也是一种团队良性竞争的催化剂。

将目标刻度化、阶段化，看起来很容易做到，可是正因为简单，让很多管理者不经意间忽略了这个做法。需要注意的是，要把这个做法贯彻到工作的方方面面。

目标拆解法二：流程化、日常化

把目标直接抛给员工，是最常见的管理误区。

你有想过一个问题吗？为什么总监的收入比普通员工要高，而且高很多？这是因为总监需要对目标结果负责，而员工只需要对具体的任务负责。作为管理者，你要做的就是把目标转化成员工的日常工作流程和工作任务。

比如前面提到的那位市场总监，把开发 200 个新代理的目标转化为每人每天拜访两个潜在代理、跟进两个转化中的客户的日常任务，这就是把任务日常化。

把任务流程化指的是，把每项具体的任务，转化成可以直接操作的具体流程。

你可能会问，拜访两个潜在代理，还不够具体吗？要怎样做才算具体呢？

我认为，如果能把任务拆解成能够直接执行的动作，就够具体了。比如，拜访两家客户，可以拆成以下流程步骤：

首先，提前确认走访的客户名单，写下拜访的目的，比如，是为了让对方体验新产品，还是介绍合作模式；

然后，在拜访日期的前两天，打电话确认对方日程，沟通拜访事宜；

接着，确定日期后，罗列具体走访顺序，规划路线，预估每家走访的时间；

最后，走访前一天，再次和对方确认，并准备拜访的话术和资料。

不要嫌麻烦，你的流程越清晰、越具体，你的行动就越具备可操作性，自然目标结果就越可预见。

上一节的目标设定法中提到福州的涟影企业的案例，你知道他们从400万到突破1个亿是怎么完成的吗？其实，在辅助他们制定了经营目标后，我还指导他们对目标进行了阶段化的拆解，并让他们把任务进行日常化和流程化。

比如，把年度销售额目标分解成"平台活动"、"自主活动"和"日常运营"三个板块，每个板块又分别按照12个月进行分解，而且每个月还设置了对应的特色主题活动。

比如，在"自主活动"板块，元旦策划了"即刻启程"主题，五一则是"天生工作狂"主题。每个板块的主题活动吸引力十足，不仅让50%以上的老客户每日必逛，甚至他们团队的女生都忍不住"剁手"。

这些成功的背后，都藏着你看不到的细节：比如，每个策划和具体运营的流程、任务的细节，都有条不紊地分布在每位运营人员的工作仪表盘和甘特图里。这些，可都是我做顾问过程中的小骄傲。

另外，需要注意的是，关于"任务流程化"这一步，要根据员工的能力来灵活决定，如果员工素养一般，建议设置主管岗位，去带领他完成流程化分解；如果员工素养好，可以让他独立完成，而且这样的员工更应该好好培养。

> **核心要点**
>
> 把目标拆解成任务有两种方法:
>
> 把目标刻度化、阶段化;
>
> 把任务日常化、流程化。

OKR 工作法：
让员工更有计划力和聚焦力

提到 OKR，或许你第一时间想到的是英特尔和谷歌。前者是 OKR 的发明者，后者则是将 OKR 运用到极致的践行者。OKR 工作法就是通过把目标和关键结果进行统合，帮助你成为一名有效率、有成果、有高度的管理能手。

如果对此有所了解，就会知道 OKR 需要开好几天的大会，来探讨和制定"O"和"KR"，也就是目标和关键结果指标。一般的管理者把 OKR 当作绩效考核方法，弄得团队员工焦头烂额、焦躁不安，我更倾向于把 OKR 当作一种团队内部的沟通机制。

其实只要每周把两个会开好，就能清晰工作方向，把握执行主次，激发团队潜能。前面说到过管理者一定要培养"目标心智"，这里强调下团队的目标心智，也就是团队的目标文化，OKR 工作法的每周两会制就可以帮你建设团队的目标文化。

OKR 目标任务沟通简会

你有没有过这样的经历？在周一的例会上，明明制订了一周的工作计划，等到周五回顾时，要么原来的工作计划不了了之，要么就是在干着和原计划几乎不相干的事。

OKR工作法的每周两会，通过以结果为导向，把周一的目标会和周五的成果会有意识地打通并连接，形成一个目标管理的闭环，确保周一制定的目标能在周五产出结果并交付。那具体该怎么操作呢？

我们先看周一的目标会，也就是目标任务沟通简会。

这个会一般在部门内部，或者在项目组里展开，时间一般控制在半小时内，具体可以根据参与人数灵活决定。会议内容只有两点：第一，报出个人的周目标和每天要完成的任务指标；第二，如果有工作需要其他同事配合的，提出需求，及时知会。

如何确保周一定下的计划，在周五能顺利达成呢？需要遵循三个原则。

第一个原则：目标有主次，数量不超过5个。

每周要完成的事或许有很多。需要做优先级处理的，按重要程度排好序，从最关键的开始处理。有了核心与主次，在接下来的一周，你只需要紧盯着关键任务，即使中途有任何意外插曲，你也能快速回到目标轨道，继续前行。不要担心因为你的目标任务数量少，上司会觉得你在偷懒，你只有把你有限的时间放在最关键的事情上，才能确保产出最有价值的结果。

关于这个原则，还需要强调两点：你所制定的个人目标，必须要和部门目标以及公司的总目标对应。比如，公司在人才方面的目标是做好人才储备工作，作为HR的你，目标就需要往这方面靠。

第二个原则：确定目标任务之后，必须跟上结果。

工作，不是为了做而做，而是为了有效的成果而做。

你所做的每件事，会产出怎样的结果，达成怎样的目标，这些一定要提前想明白、喊出来。而且，将目标计划和预期结果喊出来本来就是一种力量。

需要注意的是，所跟上的结果，一定是要量化、能用于快速评估目标达成情况的。比如，你可以用数字或百分比来表示这些结果。

第三个原则：限时，每人最多两分钟。

在两分钟内，你要说出本周核心目标和每日必达任务。如果是延续性目标，还需要汇报最新进度。只有对每周的工作目标、每日的工作内容有了充分的思考，行动思路清晰，你才能在限定的时间内，有逻辑、有条理地完成表达。

那遇到需要别人协作时，两分钟内，该如何沟通呢？很简单，只谈要做什么，需要谁配合，要达到什么结果，绝不讨论怎么做。

给大家提供一个模板，供大家在周一目标会上使用：

上周，在_____工作方面，我的进展是_____。本周我的目标是_____。围绕这个目标，我这周要完成的任务是_____。

比如，上周在招聘工作方面，成功邀约了20位面试者到场面试，其中5位进入复试。本周我的目标是：为董事长招到一位合格的秘书。我有两个关键结果：一是邀约到20位面试者到公司面试，二是其中5位进入复试。围绕这个目标，这周我主要完成两件事：第一，确认人才和岗位的要求，拟定招聘说明书，发布到网上并发给猎头；第二，主动搜索简历并邀约人才来面试。面试方面，我需要张三的支持，从专业度方面提供人才评估，具体我们私下另约时间沟通。

这样一说完，你在周一目标会结束后，是不是就可以立即开干，并且思路非常清晰？

OKR成果分享会

周五的成果会，也就是一周工作的成果分享会。

在这个会上，只做一件事：展示工作成果。聚焦在周一计划的关键成果上，轮流分享收获心得，关键在于边分享、边总结、边调整。在我心里，分享是一种成长，是沟通力的成长；总结也是一种成长，总结可以将经历变成经验；调整也是一种成长，在调整的过程中改变和优化！所以周五的成果分享会要坚定地贯彻落实！

具体要怎么做呢？

首先，针对周一制定的目标，我们可以先梳理一下，经过一周的工作，所取得的结果是什么。

其次，围绕所取得的工作结果，挑出自己最有成就感、最大的收获进行分享。一方面，展示目标达成的进度，感受自己本周工作的价值，见证自己的成长，提升自己的内驱力；另一方面，从分享中，也能收获伙伴的积极反馈，及时对工作进行总结调整，捋清思路后，更好地开展未来的工作。

最后，需要注意的是，这个会议的目的，不是追究责任或批判，而是通过坦诚分享，建立起开放互助的团队目标文化，促进工作沟通的顺畅度，提升团队协作的效率。所以在会上发言或反馈时，尽量使用积极正向的语言。

如果实在想做一些评估的话，建议以自评为主，至于领导的追责和批判尽量关起门来放在一对一的小空间内进行。周五会议前，你可以对自己的成果进行打分，如果完成得好就打 10 分，如果还不错就打 7 到 8 分，如果自己觉得不及格，就要及时调整，在会议上及时向同事求助。

这里也给大家提供一个表达参考模板。

这周，我最有成就感、最想和你们分享的是我终于达成了本周目标的入职人数，为我们团队增添了一员大将。（这是简要地说出本周最佳成果。）

在这个过程中，我想分享自己的三点感受与心得：

第一点是_____；

第二点是_____；

第三点是_____。

（这是详细展开，既是分享与目标任务相关的收获，也是贡献自己的知识经验的时刻。）

总而言之，OKR 工作法的核心就是每周开好两个会。通过周一的目标会，明确一周的核心目标和关键成果；通过周五的成果会，边分享、边总结、边调整、边成长，让你看到自己一周工作的价值，收获伙伴的积极反馈，捋清优化调整方向，更有动力向更高难度目标发起自我挑战，如此循环就能形成组织和个人的成长飞轮。

只要坚持每周循环执行，就能逐渐建立起团队的目标文化，让每个员工更加有计划能力和聚焦力。

核心要点

OKR 目标任务沟通简会的三个原则：

目标有主次，数量不过 5；

确定目标任务之后，必须跟上结果；

限时，每人最多 2 分钟。

OKR 成果分享会的两个步骤：

第一步，针对制定的目标，梳理一周工作的结果；

第二步，分享成果。

OKR 成果分享会的一个注意：

注意使用积极正向的语言。

聚焦工作法：
不去管理注意力就只能被注意力管理

要更好地达成目标，还要把握好一个重要的维度：做好注意力管理。

在自由度比较高，依靠自觉、自发的工作岗位，人的注意力资源很容易耗散。人特别容易被三类事件吸引，一类是新奇的事情，一类是能带来愉悦的事情，还有一类是让人感受到压迫的事情。随着技术的发展，新闻资讯、社交媒体、短视频、游戏影视等，源源不断地为我们提供着越来越多的这三类事件，让我们无法视而不见，从而深陷其中，不能自拔。但问题是，我们真正需要聚焦的事情，比如要写的报告、要做的项目、要联系的客户，大部分都无法给我们带来这三种体验。

时间是不可再生的资源，一去不复返。其实注意力比时间更加稀缺。我们所能专注的事情，比想象的要少得多。人脑平均每天会接收到34GB的海量信息，相当于一个大型图书馆，但平均能聚焦其中的只有十万分之一，也就相当于一本书，而能在短时间内记住的，只是书中的一两章内容，甚至更少。

有效的注意力资源这么稀缺，如果那些不需要我们团队专注的事情，占据了大部分注意力资源，那想要再聚焦于重要的事情上时，就容易出现精神无法集中、注意力资源余额不足的现象。可见，不管是个人的注意力管理还是团队的注意力管理都特别重要。

所以作为管理人，首先要训练自己聚焦的能力，在一段时间内将所有注意力资源都集中在一件事情上，这样才能深度工作、提升效率。这个时候就需要聚焦工作法来帮你开启聚焦专注模式。聚焦工作法主要的步骤有三个：一是确定一件值得专注的事；二是排除干扰，单点专注；三是一旦分神迅速拉回自己。

确定一件值得专注的事

选择一件值得去专注的事情，这件事并不一定是最紧急的，但必须是复杂的、重要的。这是关键的一步。

如何去选择呢？两个选择标准：第一看事情是否足够重要，第二看事情的复杂程度。

判断事情是不是足够重要，要考量选择的这件事当下是否有价值，从长远看是否也能形成生产力。有价值、能形成累积生产力的事情才是值得去专注的。

这里我提供一个最直观的检验方法：根据自己的角色，确定当下最值得专注的事情。比如，对于一名讲师来说，能够值得他去专注的是备课和练课；对于文字工作者来说，能够值得他去专注的，是研习优秀作品和写文章；对于企业管理顾问来说，能够值得他去专注的，是研究行业的动态和企业的经营。而前面讲到的刷朋友圈、刷微博、追剧追热点等，对于上述人群来说，就属于只有吸引力、没有生产力的事情，不值得去专注。

任何没有目的的专注，都是对注意力资源的浪费，也很容易让人进入漫无目的的状态。

此外，我们还必须按照事情的复杂程度，再进行一次筛选。这件事情不能过于复杂，如果说你的注意力资源只能消化一本200页的书籍，就不要选择《资治通鉴》这样的大部头，即使不得不面对《资治通鉴》，也要先选定专注第一卷，把后面的20多卷放在书柜里，不然会因为任务过于繁重，心理上会不自觉地用拖延来缓解压力。

当然，也不能太简单，过多的注意力盈余会让你不自觉地分神，被其他有趣的事吸引，去填充剩余的注意力空间。所以，如果你发现自己始终无法进入专注模式，这说明你选择的事情复杂程度不够，你应该去寻找更有价值、更有难度的任务，而不是继续低水平地重复。如果在工作中，你始终无法将注意力集中到一件事情上的话，这不是说明你太忙了，反而说明你太闲了。你需要更有挑战性的工作，激发自己进入专注模式。

排除干扰，单点专注

确定了要专注的事情，第二步就要排除干扰，单点专注。

排除干扰是为了营造单点专注时所需要的环境，对于容易受周边因素干扰的人，这点特别重要。一般干扰分为可控和不可控两种，对于可控的干扰要想方设法克服，对于不可控的干扰要尽量避免，将影响降到最低。

像电子邮件、社交媒体就是可控的干扰，你就要提前处理好。比如你可以确定一个固定回复电子邮件、社交媒体的时段和次数，如果可能的话，单点专注前，建议你关掉手机这个注意力"黑洞"，这样，你就可以最大限度地"驯服"这些干扰，从而为自己进入专注状态创造更多的条件。如果你身边有个说话声音很大的同事，这就属于不可控的干扰，你需要主动地去解决，要和同事沟通，而不是默默忍受。

排除干扰后，接下来就是单点专注，也就是把注意力全部集中在选定的工作上。在这一步，你要逼自己专注，但也不要逼得太狠，不要一上来就想着一步到位，而是要循序渐进。

在时长安排上，没有绝对标准，刚开始进行单点专注时，可以借助番茄钟来规划时间，比如一次专注25分钟。每天哪怕只在专注模式停留两三个番茄钟，也是一个良好的开端。随着时间的推移，你就会发现，你可以用在专注模式上的时间越来越多了。

我最初也是从25分钟开始的，到了25分钟，就强制自己休息5分钟，甚至还要犒劳一下自己，伸伸懒腰，喝杯茶水。慢慢地，两周之后，我就能一次专注40分钟。在那之后，我就把闹钟的时长也调整到40分钟。之后，我又实现了几次突破，现在已经能高度专注一个半小时。

不断拉回注意力

做好前两步，我们就要不断地将注意力重新拉回到选定的事情上。这是要不断重复进行的一步，因为我们实在是太容易走神了。这一步看起来容易，做起来难，我们往往因为拉不回自己，导致专注中断。

当在电脑前专注工作时，我们如果被打断5分钟以上，就难以回到正轨。这背后涉及一个心理学知识：心流。你在工作当中一定有过这样的状态，就是感觉自己入神了，做进去了，那个时候仿佛都感受不到时间了，你的任务不断推进，进入了忘我忘物的状态，这样的感受就是进入了心流的状态。

当你专注地进入心流状态时，如果被打断的话，研究表明重新进入这种状态大概要花15到25分钟，而不是被打断的那三五分钟时间。如果你一天被打断4次，就等于浪费了一两个小时，这是非常可怕的。因此如果想要高效专注地工作，一定要不断重复"拉回自己"这个动作。

如果不去管理注意力，就只能永远被注意力管理。你有再好的时间表、再好的清单、再好的目标操作步骤，也实现不了高效工作。管理注意力的过程就像我们去练习游泳，没有人是一下水就能自如游泳的，都要不断地练习，不断强制自己在水里多浸泡，把游泳动作内化为身体的一部分，形成肌肉记忆，你才能控制好身体，最终在水下也能如履平地。

核心要点

聚焦工作法就是把注意力完全集中在一件重要的事情上。

开启这种模式需要三步：

第一步，确定最值得专注的事；

第二步，排除干扰，单点专注；

第三步，一旦分神，迅速把自己的注意力拉回到选定的事情上，并不断重复这一步。

KPI 工作法：
围绕重点一步步接近团队想要的目标

提到 KPI，很多人第一时间想到的是各种指标、各种考核，感觉很复杂。但这里要讲的 KPI 工作法，只需要把握"一个定律，两个标准，三个步骤"，就能让你清晰工作重点，围绕重点一步步接近你想要的目标。

KPI 工作法就是用关键行为推动关键结果，从而实现目标的工作方法。

关键结果背后的定律

"一个定律"指的是二八定律，它指在一家企业里 80% 的价值大多是由 20% 的骨干人员创造的。

其实，这个原理在我们每个人完成每项工作时同样适用，即 80% 的成果实际上是由 20% 的关键行为完成的，这些行为常常发生在关键结果领域。所以，必须抓住这 20% 的关键行为，把这些关键行为当作工作考核的关键指标，也就是 KPI 最核心的"K"，就是"关键"的意思。

关键指标的两个标准

第一个标准是 KPI 关键指标必须限量。数量一般为 3 到 5 项，最多不超过 7 项。因为，一个人的精力是有限的，当你什么都想抓的时候，往往什么也抓不到。

第二个标准是 KPI 关键指标需要符合 SMART 原则。管理者需要针对选择的关键指标问团队和自己以下五个问题。

· S——KPI 是具体清晰的，还是模糊笼统的？
· M——KPI 可否用数字、百分比进行清晰地衡量？
· A——KPI 是通过付出努力就可以实现的吗？
· R——KPI 和要达到的目标方向是一致的吗？
· T——KPI 有没有设置最迟达成的时间？

这五个问题很重要，是下一步操作的关键。

KPI 设定的三步曲

一个定律和两个标准清晰后，就可以按照提炼、分解、优化这三个步骤，开始进行操作了。

第一步：提炼。

有针对性地分析二八定律里面的 20% 的关键行为，提炼出关键指标，作为你完成这件事的 KPI。提炼的过程中，必须遵循限量原则和 SMART 原则。

比如，你是销售员，2019 年第四季度你要完成 30 个新客户的开发目标，那么要怎么提炼自己的 KPI 呢？你要分析自己在以往的销售过程中，哪些要素帮助你获得了成功，还可以分析和借鉴其他优秀销售员的成功经验。

经过思考分析，找出"提升潜在客户拜访量""提升拜访转化率"和

"拓展客户渠道来源"3个关键指标，作为你的KPI。3个指标没有超过7个，完全符合限量的标准。

然后，你需要用SMART原则，结合相关数据，对提炼出来的3个KPI指标进行评估：

·S——具体吗？这3个指标有些笼统，不够具体；

·M——可衡量吗？没有数据，无法衡量；

·A——可达成吗？要看具体的数据才知道；

·R——与目标有关联吗？与完成30个新客户开发的目标是有关联的；

·T——有时限吗？时限是一个季度。

通过在大脑里自我检查后，你发现，这3个指标虽然有着清晰的最后期限，也和目标的方向一致，但比较笼统，不够具体，也没有相关数据可供参考与衡量，所以，是否能通过你的努力来达成，感觉也是模糊的。

于是，可以结合上个季度的数据和以往的经验，对这3个KPI做出如下调整：

·每周潜在客户拜访量提升20%，每周拜访25家；

·潜在客户转化率维持现状的10%；

·客户渠道从3个拓展到6个。

"提炼"这一步的关键是，结合数据和目标进行提炼！

接下来是第二步：分解。

这一步的关键是将上一步定下的关键指标，转化成可以执行的具体任务，分解到每一天的工作中，让每天结束时有可交付的成果。

以"提升每周潜在客户拜访量"为例。

一个季度要拓展30个新客户，分解到每个月，就是10个。而潜在客户成功转化为新客户的比例是10%，也就是每个月至少需要拜访100个潜在客户。每个月以20个工作日计算，100个客户分解到20天，那么每天要拜访5个。

最后的分解结果可能是：每天打 10 个陌生电话，拜访 5 位潜在客户，并同时跟进两个转化中的客户。

这一步往往是最具挑战性的，需要你静下心来，仔细思考和记录，尽力去执行。

第三步是优化。

定出了 KPI，也就意味着工作的重点是清晰明确的。但是，KPI 不能等同目标，它并不是完全固定不变的，在执行的过程中，你需要进行灵活、及时地调整和优化。

比如，经过一个月的执行，你发现潜在客户的转化率有所下降，那就可以调整陌生电话量，把每天 10 个增加到 15 至 20 个，来获得更多潜在客户拜访的机会，从而更快达成每个月拓展 10 个新客户的目标。

> **核心要点**
>
> KPI 工作法就是在把握二八定律和限量、SMART 的两个标准的前提下，操作以下三个工作步骤：
>
> 第一步，提炼——围绕你的目标任务，提炼出 3 到 5 项最能促进目标达成的因素，作为你的关键绩效指标；
>
> 第二步，分解——把提炼出来的指标，转化成具体可执行的任务，分解到你每天的工作内容中，逐一执行；
>
> 第三步，优化——在执行的过程中，时刻紧盯要达成的指标，及时检视、灵活调整，确保目标能顺利达成。

小　结

团队是什么？团队就是成员们为了一个目标坚持不懈地努力，团队的根本任务就是达成目标。没有目标，团队就不会存在。

管理是什么？管理就是动员和协调团队成员，形成凝聚力和战斗力，一起达成目标的过程。管理者要善于制定目标，还要学会利用目标来动员团队、激励人才共同实现目标。

我们知道了团队和目标的关系，知道了目标对管理者的重要性，接下来最重要的是达成目标的方法和路径，这一章主要从五个角度阐释了"目标必达的方法论"。

设定目标法——人人都会制定目标，但只有少数优秀的管理者善于制定激发团队潜能的好目标，三级目标法、以终为始目标法和里程碑目标法这三种方法都强调达成目标的过程，是值得管理者学习和实践的好方法。

拆解目标法——要想目标达成，管理者还需要有把目标转化成任务和流程的能力，只有具体可操作的任务才能落实到每天的日常工作中，任务才是目标必达的路径。

OKR工作法——以目标结果为导向，有意识地打通周一的目标会和周五的成果会，并进行连接，形成一个目标管理的闭环，确保周一制定的目标，能在周五产出结果并交付。通过目标会和成果会的常规化运行建立起团队的目标文化。

聚焦工作法 ——管理者首先要训练自己聚焦的能力，在一段时间内将所有注意力资源都集中在一个目标上，这样才能单点聚焦，才能各个击破。

KPI 工作法 ——管理者要学会三个操作步骤，首要是提炼关键绩效指标，这一步是最关键的；其次是把提炼出来的指标，转化和分解到团队每天的工作内容中去；最后在执行的过程中，时刻紧盯要达成的指标，及时检视、灵活调整，确保目标能顺利达成。

从重视目标到目标必达的方法，从目标心智到团队的目标文化，管理者在其中都起着决定性的作用，所以管理者要把"目标必达"变成人生的信念，变成习惯和口头禅。

如果你还想进一步学习团队目标必达的方法论，扫描二维码，可以获取"瀚霆研习会·目标必达密训会"的内部培训资料 ——《管理者的智慧语言模式》PDF 文档。